FORMAÇÃO e CULTURA

Dilemas e práticas de formação de formadores

José Pacheco

FORMAÇÃO e CULTURA

Dilemas e práticas de formação de formadores

Conhecimento Editora

Belo Horizonte
2024

Conhecimento

www.conhecimentolivraria.com.br

Editores: Marcos Almeida e Waneska Diniz
Revisão: Daniely Rosa Lana Araújo, Jurandy Wesley de Jesus Oliveira e Letícia Costa Silveira Santos
Diagramação: Lucila Pangracio Azevedo
Capa: Waneska Diniz

Conhecimento Livraria e Distribuidora
Rua Maria de Carvalho, 16- Ipiranga
31140-420 Belo Horizonte, MG
Tel.: (31) 3273-2340
Whatsapp: (31) 98309-7688
Vendas: comercial@conhecimentolivraria.com.br
Editorial: conhecimentojuridica@gmail.com
www.conhecimentolivraria.com.br

371.12 Pacheco, José, 1951-
P116f Formação e cultura: dilemas e práticas
2024 de formação de professores / José Pacheco.
- Belo Horizonte: Conhecimento Editora,
2024.
134 p. ; 24cm

ISBN: 978-65-5387-287-5

1. Educação. 2. Pedagogia- Práticas. 3. Professores- Formação. 4. Professores- Formação continuada. 5. Professores- Capacitação. 6. Aprendizagem- Ética. 7. Avaliação da aprendizagem. 8. Cultura. I. Título.

CDD(23.ed.)- 371.12
CDU - 371.13

Elaboração: Fátima Falci – CRB/6-nº700

Para que serve a formação de professores?

> "Que lhes valeu todo o curso que fizeram durante longos anos?
>
> Em vão leram livros copiosos, beberam a caudalosa erudição dos catedráticos imponentes, como oradores parlamentares, fizeram provas escritas de inúmeras laudas, com letra miúda. Palavras, palavras, palavras que o vento levou...
>
> As aulas de psicologia ficaram geladas nos livros; as de pedagogia fecharam-se nas caixas de jogos; as outras não levaram em si nenhum gérmen dessas duas, que são, no entanto as indispensáveis a quem vai ser professor.
>
> Pobres alunas que não tiveram quem as orientasse a tempo! Depois de tanto trabalho, terão de fazer por si mesmas, e com enorme esforço, aguilhoadas pela pressa de quem já está no quadro do magistério, toda a cultura técnica que ninguém pensou ou lhes pode fornecer no momento devido"
>
> (Cecília Meireles)

SUMÁRIO

REELABORAÇÃO DA CULTURA PESSOAL E PROFISSIONAL

Que me seja perdoado o caráter "bilíngue" da minha redação. Ela reflete a mistura de mais de trinta anos do exercício da profissão de professor em terras do Norte e de mais de vinte de voluntário exílio em terras do Brasil. Essa miscinegação linguística poderá criar algumas dificuldades de interpretação. Mas os assuntos aqui tratados são comuns a "toda a gente" e a "todo mundo". Comecemos por assunto bem sensível: a cultura.

Foi Agostinho da Silva quem disse que a escola dos anos vinte deste século era um lugar para onde menino era levado e onde o entregavam a um especializado em dar aula, que não sabia fazer mais nada. Nesse tempo, quem sabia fazer uma nova educação fazia-a. Quem não sabia fazer, ensinava. E quem não sabia ensinar, fazia formação de professores.

Ressalvadas as raras exceções, a formação inicial dos professores acontecia em cursos de pedagogia bolorenta. A formação continuada era assegurada por escolas (ditas) de "aperfeiçoamento dos *profissionais da educação*". Na universidade como nos "centros de formação", o curso era modalidade hegemônica. Por vezes, tomavam a designação de círculos de estudo, oficina, ou outra qualquer modalidade, mas continuavam sendo cursos, exercícios de instrucionismo fóssil.

Os cursos eram ministrados por "deformadores" encartados, que reproduziam o modelo educacional do século XIX, acrescentando-lhe ensinos híbridos e outros paliativos. Até que, há uns vinte anos, alguns formadores tomaram consciência da situação e assumiram um compromisso ético com a formação. Isomorficamente, o formando deixou de ser considerado objeto de capacitação, para ser sujeito de aprendizagem, em autoformação.

A teoria já não antecedia a prática. Era a dificuldade de ensinagem que impelia o educador para a pesquisa, para a busca da teoria que, juntando à sua competência prática (a de dar aula, para acabar com a sala de aula), produzia práxis inovadoras. Quando me perguntam como poderão criar "círculos de aprendizagem, respondo: "Dando aula". Quando me perguntam como poderão aprender a desenvolver currículo de tripla dimensão, respondo: "Dando aula". Se, por via de uma deformação da formação inicial, os professores só sabem "dar aula", valorizemos essa competência!

Um dos obstáculos à mudança nas escolas continua sendo o predomínio de uma cultura pessoal e profissional dos professores, que os convida à acomodação. Essa cultura é reforçada pela formação que se vai fazendo. O modo como os professores aprendem é o mesmo com que ensinam, pelo que a formação de que falo neste livrinho é isomórfica.

Recentemente, mais uma "moda pedagógica" surgiu como mais um velho e obsoleto sistema de ensino: a aula de desenvolvimento socioemocional dos alunos – como se numa aula semanal se pudesse cuidar do socioemocional dos alunos! Mas ninguém fala de cuidar do socioemocional dos professores.

No processo formativo, que neste livrinho vos apresento, caraterizado pelo isomorfismo, acontece a reelaboração da cultura pessoal e profissional. Partindo daquilo que os professores são, deles cuidamos.

TRANS-FORMAÇÕES

Há uma dúzia de anos, um jornal português de grande tiragem, aproveitou uma das minhas passagens pelo meu país de origem para me entrevistar. À guisa de introdução ao assunto que aqui vos trago, transcrevo partes dessa entrevista. O eventual leitor irá compreender por que o faço.

"Em primeiro lugar, e por uma questão de enquadrar o trabalho, gostaríamos de perceber em que contexto surge o seu regresso ao país, o que anda a fazer em várias cidades.

A que se deve esta visita? Quando volta ao Brasil e o que vai fazer em Portugal durante esta estadia?

Tem mais de cem projetos educativos no Brasil, penso que se chama Projeto Âncora. Poderia, resumidamente, falar do que anda a fazer no Brasil e por que razão decidiu partir, deixar o nosso país?

Só mais uns dados para confirmar, era eletricista, estudou engenharia eletromecânica, mudou de curso para o ensino, e foi professor primário e de outros níveis de ensino, correto? Em miúdo, vivia num meio pobre e era excluído, por isso é que diz que foi para o ensino por vingança e não por amor?"

Estas interrogações não eram de bom augúrio, na condução da entrevista, mas me dispus a responder.

"Regresso ao meu país porque muitos (e bons) educadores não desistem de fazer com que os jovens sejam pessoas mais sábias e seres mais felizes.

Durante o mês de março, passei por quinze cidades, trabalhando com professores, no chão das escolas e das universidades. Também reuni com governantes e responsáveis pela formação dos professores. Ainda sobrou tempo para ir até estúdios de televisão e para fazer algumas palestras.

No dia 26, partirei para o Chile, onde irei fazer formação, a convite de universidades. Voltarei ao Brasil em meados de abril, para retomar a orientação de projetos lançados pelo governo brasileiro.

Vivo no Brasil há cerca de uma dúzia de anos, acompanhando projetos que agitam as águas paradas da educação do Sul. O Projeto Âncora é o mais conhecido. Ganhou fama internacional, após as visitas de muitos pesquisadores estrangeiros, que puderam testemunhar, na prática, a sua excelência acadêmica e inclusão social.

Este périplo pelo meu país resulta de inúmeros pedidos de colaboração, que recebi ao longo dos últimos meses. E, também, da vontade de me encontrar com amigos e família, de mitigar a saudade que sinto de filhos e netos.

Os dados estão corretos. Fui eletricista, estudei engenharia e mudei-me para o ensino. Fui professor primário e universitário. Em miúdo, vivia num meio pobre, era (e continuo) estrábico e, por isso, sofria bullying e era excluído. Fui para o ensino por vingança e fiquei na educação por amor."

Seguiram-se as perguntas, que a jornalista considerava oportuno fazer.

"Em 1976, no rescaldo da liberdade, criou com duas colegas o projeto pioneiro Fazer a Ponte na Escola da Ponte. Sem turmas, sem testes, sem ciclos, sem campainhas. Chamaram-lhe louco quando dizia que era possível derrubar paredes e juntar alunos?"

"Confesso que, nos idos de 1976, eu estava quase a desistir de ser professor. Sentia que, "dando aula", eu estava a excluir gente. Percebi que não deveria continuar dando aula, mas eu não sabia fazer mais nada! Só sabia dar aula. Eu não era um professor, eu era um "dador de aula".

Elaborava os meus planos de aula, meticulosamente. Reunia bons materiais de apoio. Cuidava da motivação, escrevendo os planos na noite anterior a cada aula. Porém, quando ia "dar aula", sentia que não era eu quem estava ali. Era um *clown*, um ator, representando um "papel", um "guião", que eu havia escrito, horas atrás. Eu não estava ali, não existia autenticidade na relação com os meus alunos, não havia comunicação.

Instalou-se uma profunda crise moral. Eu ensinava do modo como tinha sido ensinado. E muitos alunos reprovavam. Fui para professor 'por vingança' e não conseguia 'vingar-me', não conseguia garantir a todos o direito à Educação. A Ponte surgiu, talvez não por acaso, para me dar uma última oportunidade. Era uma escola como qualquer outra, escola pública degradada, que albergava as chamadas 'turmas do lixo', maioritariamente constituídas por jovens de 14, 15 anos, que não sabiam ler nem escrever, e que batiam nos professores.

Ali, encontrei duas pessoas, que faziam as mesmas perguntas que eu fazia: "Por que dou aula tão bem dada e há alunos que não aprendem?"

Aconteceu algo inusitado. Como quaisquer outros professores, éramos profissionais competentes. Porém, deparávamos com a falta de um compromisso ético com a profissão.

Se o modo com a escola funcionava negava a muitos seres humanos o direito à educação, a escola não poderia continuar a ser gerida desse modo. Se o modo como nós trabalhávamos não lograva assegurar a aprendizagem a todos os alunos, nós não poderíamos insistir nesse modo de ensinar.

Quando modificamos o modo, asseguramos a todos o direito de serem sábios e felizes. Começamos a receber alunos expulsos de outras escolas, alunos chamados 'deficientes', acolhíamos jovens evadidos de outras escolas, enfim! Todos se transformavam e aprendiam...

Chamaram-nos loucos, lunáticos e outros epítetos que, por pudor, aqui não irei reproduzir. Quando fiz as primeiras intervenções públicas, mais do que dizerem que o projeto era um arroubo de jovem professor, diziam-me que, quando eu fosse mais velho, iria ganhar juízo. E os detratores agiram de forma violenta explícita...

Um dia, talvez, eu conte a história da Escola da Ponte. Ela foi feita de sofrimento e resiliência. No decurso de mais de quatro décadas, foram muitas as ações da maldade humana dirigidas contra a Ponte. Da destruição da nossa horta à destruição do hospital de animais, que as crianças cuidavam com tanto desvelo, ações levadas a cabo por criminosos a soldo de políticos locais, que pintaram com o sangue das vítimas na parede da escola: "*Morte ao professor*". Do lançamento de panfletos, na calada da noite, contendo acusações falsas, até à publicação de boatos em jornais. Do terrorismo verbal, via telefone, até à agressão física.

O sofrimento maior foi termos descoberto que muitos desses ataques eram provenientes de professores (se forem dignos desse nome) de escolas próximas. Apercebemo-nos de que o maior aliado de um professor era o outro professor, mas, também, de que o maior inimigo de um professor, que ousasse fazer diferente para melhor, era o professor da escola do lado."

"Quando chegou à Escola da Ponte, ficou com a «turma do lixo», jovens de 14 e 15 anos que não sabiam ler nem escrever, que batiam nos professores. Foi aí que percebeu que estava tudo errado?"

"Insisto em que reflitamos sobre aquilo que nos diz a Constituição da República. Ela consagra o direito à Educação, diz-nos que é dever do Estado garantir a Educação a todos os portugueses. Se, do modo como trabalham, as escolas portuguesas não asseguram a todos esses direitos, as escolas terão o direito a continuar a trabalhar desse modo?

Na Escola da Ponte, a decisão de mudar foi de origem ética. Encontrei jovens analfabetos, que tinham sido ensinados do modo que eu antes ensinava. Se eu continuasse a trabalhar do modo como, até então, havia trabalhado, aqueles jovens continuariam sem saber ler. Tomei consciência de que, dando aula, eu não conseguiria ensiná-los.

Na época, nem da existência de um Piaget tínhamos conhecimento. Agimos por intuição pedagógica, movidos pelo amor que tínhamos (como qualquer professor tem) pelos alunos."

"Diz que numa aula não se aprende nada, que os exames são o método mais falível que existe, que chumbar é a prova que a escola não funciona. O que pode ser diferente? O que deve mudar? Como se avalia um aluno?"

"A afirmação é radical. Mas toda a regra tem exceção...

Aprendi francês escutando aula, porque me apaixonei pela professora. A aprendizagem é antropofágica. Não se aprende o que o outro diz, apreendemos o outro.

Um professor não ensina aquilo que diz, ele transmite aquilo que é. Poderá acontecer aprendizagem em sala de aula, se forem criados vínculos e esses vínculos não são apenas afetivos, também são do domínio da emoção, da ética, da estética, resultantes de uma relação de autenticidade. Se tentarmos recordar-nos de um professor de quem não gostamos, compreenderemos por que pouco, ou mesmo nada aprendemos nessa disciplina.

O que dizer da avaliação? Que quase não existe avaliação nas escolas. Que os professores (e o ministério) confundem avaliação com classificação. E que a avaliação que a Lei de Bases do Sistema Educativo prescreve não é realizada. Também no domínio da avaliação, o ministério age à margem da lei, que ele próprio elabora.

Por exemplo, um ministro de má memória introduziu mais exames no sistema. Mais exames não melhoram o sistema, porque não é a preocupação com o termômetro que faz baixar a temperatura.

Exames quase nada avaliam. O teste é o instrumento de avaliação mais falível que existe. Conceber itens de teste, garantir fidelidade e tudo mais é um exercício extremamente rigoroso, assim como assegurar que as condições são as mesmas para todos, quando se aplica o teste. E corrigir o teste também introduz uma subjetividade enorme. Além disso, esses instrumentos de avaliação apenas "provam" a capacidade de acumulação cognitiva, de armazenamento de informação em memória de curto prazo, para debitar no exame e esquecer.

A avaliação praticada na Ponte e no Projeto Âncora é aquela que a lei estabelece: avaliação formativa, contínua e sistemática. Os registros de avaliação e as evidências de aprendizagem constantes dos portfólios de avaliação dizem-nos o que as crianças aprenderam, quer no domínio cognitivo, quer no domínio atitudinal.

Em muitas escolas aplica-se teste e dá-se uma nota sem saber o que se faz. Há quem dê uma nota a partir dos resultados dos testes, transpondo dados de prova para uma escala ordinal (aqui caberia uma explicação 'técnica', que, obviamente, irei evitar). Eu sei que se alega considerar uma percentagem da nota dada a partir da avaliação de atitudes. Porém, não se apresenta os instrumentos de avaliação, que permitam medir atitudes como a autonomia, a criatividade. Diria que essa avaliação é feita a 'olhômetro'.

Como diria o Iturra: '*Na vertigem das reformas educativas dos últimos cem anos em Portugal, a memória transmitida é a abstração escrita de um saber variável que não condiz com o quotidiano em que viveu uma parte da população, que se identifica melhor com a sua própria memória oral como fonte de conhecimento (...) A cultura letrada que organiza o ensino não tem sido capaz de romper com o modelo imperante de eficácia econômica e incorporar a prática social como mediadora entre o saber da experiência controlada e o saber que provém da experiência provada*'.

E Freudenthal diz-nos que '*o exame torna-se um objetivo; o que vem para exame; um programa; o ensino da matéria para exame, um método*'.

O ex-ministro Marçal Grilo afirmou que '*as provas globais começam a ser inúteis*'. Vá-se lá saber porquê outro ministro ressuscitou um tenebroso debate alimentado da ingenuidade de uns quantos e da militância reacionária de tantos outros.

Qualquer pessoa minimamente avisada, minimamente conhecedora dos ainda ocultos saberes das ciências da educação – bode expiatório de todos os males que apoquentam a educação deste país – sabe que a solução não passa por haver mais exames. Aliás, a Finlândia extinguiu, quase por completo, os exames!

Se quisermos falar de avaliação em linguagem de gente, poderíamos dizer que a quase exclusiva utilização de um mesmo tipo de instrumento de avaliação tem sido responsável por graves erros. Atenda-se ao exemplo do candidato a medicina que, por uma centésima, não acedeu ao curso desejado.

Os fervorosos defensores dos inúteis exames saberão em que consiste assegurar a validade ou a fidelidade de um item? Saberão aquilatar da subjetividade da correção de uma prova de exame? Terão conhecimento das grosseiras fraudes que os exames engendram? Terão passado, alguma vez, pela angústia da espera, foram afetados por uma ansiedade geradora de bloqueios?

Os debutantes e amadores das coisas da Educação não leram nos jornais – que literatura especializada não terão lido, a avaliar pelos disparates que vão debitando na comunicação social – notícias de frequentes e abissais alterações de pontuação que decorrem da reapreciação de recursos?

Na avaliação que ainda vamos tendo por hegemônica, é bem visível a ancestral prática seletiva. O ensino em massa é coerente com uma avaliação em massa. Os professores lamentam o dispêndio de tempo posto na correção de exames e alegam que o ministério os explora como mão de obra barata. O ministério, por sua vez, gasta fortunas em comissões a quem compete elaborar os testes e coordenar o serviço de exames, em viaturas e seguranças que transportam envelopes lacrados como se fossem as joias da coroa.

Se outra razão não houvesse para acabar de vez com exames, uma razão se imporia. Associada à ideia de exame, há sempre a probabilidade de utilização de 'copianços'. Para cada sala de exame que se preze, são escalados professores que, pressupostamente, são o garante de que os examinados não 'copiem'. Os 'vigilantes' partem, pois, do pressuposto de que todo o aluno é, até prova em contrário, potencialmente desonesto. Haverá princípio mais antipedagógico que este?

A sequencialidade regressiva – o Secundário atira a culpa para o Básico, o Básico para o Jardim-de-infância e este, por sua vez, atira as culpas para as famílias – é uma praga que vem condicionando as iniciativas dos legisladores e deitando a perder todo e qualquer esforço de mudança no campo da avaliação. Será difícil perceber que não é com mais exames *facilitistas* que se conseguirá redimir o sistema de todos os males que o afetam? Ainda não se percebeu que o sistema é passível de melhorar se os professores deixarem de perder tempo a ensinar para exames? É assim tão difícil entender que do que se decora para um exame, e depois de 'vomitado' se esquece, pouco ou nada fica?

Um exame é, normalmente, um teste de papel e lápis, que pouco ou mesmo nada avalia. Só quem não conhece outros e mais fiáveis modos de fazer avaliação poderá defender o desperdício.

Eu poderei entender que os leigos deem tratos de polé ao assunto e abordem a problemática na perspectiva do senso comum. Até poderei entender que, à míngua de uma sólida e coerente formação, muitos professores se refugiem na segurança do que melhor conhecem e dominam – qual o instrumento de avaliação que a maioria dos professores aprendeu a dominar (até à exaustão) dos bancos da instrução primária à secretária de docente? Foram fichas, provas, testes, frequências, exames orais e escritos sem conta! Enfim! Foram '*facilitismos*'. Só não consigo entender os responsáveis que insistem na ideia peregrina e *facilitista* de que os exames poderão constituir-se na panaceia redentora dos males que afetam o sistema educativo.

A reprovação é a prova de que realmente a escola não funciona como deveria funcionar. Muitas vezes se diz que os professores são exigentes quando reprovam. A pergunta que eu faço é: se a escola melhor é a que mais alunos reprova, o melhor hospital é o que mais doentes mata?

Quanto às classes de apoio, planos de recuperação, são enfeites paliativos que não resultam, porque aquilo que não se ensina em oito meses, não é em um mês de plano com mais do mesmo que se vai ensinar. Não é com mais horas de aula que se vai ensinar mais, é com outro tipo de aprendizagem. Compreendo a insistência em introduzir paliativos num modelo de ensino moribundo. Nas escolas que, infelizmente, ainda vamos tendo, há alunos que não conseguem atingir metas. E é preciso acrescentar aulas de recuperação, 'explicações', 'planos educativos individuais', 'centros de estudo' (que crescem exponencialmente).

Nos projetos que acompanho, todos os alunos alcançam as tais 'metas'. Porque trabalhamos a montante, para não ter de remediar a jusante; investimos na prevenção, para não tentar remediar depois. Nesses projetos, não há 'alunos que não conseguem atingir metas'. Portanto, nada é preciso fazer, a não ser desenvolver um trabalho escolar coerente com a Lei de Bases. Em cada escola a seu modo, porque não há receitas."

"O que defende esbarra num sistema ancorado em avaliações, notas, médias. O discurso político assente no rigor e exigência na educação não o convence?"

"O sistema somos nós!

Que rigor e que exigência existem num modelo educacional, no qual alunos do século XXI são "ensinados" por professores do século XX, que recorrem a práticas oriundas do século XIX?

Rigor e exigência existirão em escolas onde se dê a todos condições de acesso, e a cada um, condições de sucesso. E é incontornável falar do nó górdio da mudança das práticas escolares: a formação de professores.

A formação de professores continua imersa em equívocos, continuamos cativos de um modelo de formação cartesiano, que impede um *re-ligare* essencial. Sabemos que um formador não ensina aquilo que diz, mas transmite aquilo que é, veicula competências de que está investido. Mas, ainda há quem ignore a existência do princípio do isomorfismo na formação, quem creia que a teoria precede a prática, quem considere o formando como objeto de formação, quando deveria ser tomado como sujeito em autotransformação, no contexto de uma equipe, com um projeto.

Prevalecem práticas carentes de comunicação dialógica, culturas de formação individualistas, de competitividade negativa, de que está ausente o trabalho em equipe.

Venho repetindo que a profissão de professor não é um ato solitário, mas solidário. Que o trabalho em equipe pressupõe um permanente convívio, estabilidade e lealdade a valores e princípios de um projeto. Isso não acontece numa escola de tempo parcial.

Por que 50 (ou duas vezes 45) minutos de aula, se a aprendizagem acontece 24 horas por dia? Por que 200 dias letivos, se nos educamos nos 365 (ou 366) dias de cada ano? Alguém propôs 'passar de trimestre para semestre' E o ministério gostou da proposta. E escolas adotaram essa cartesiana divisão de tempo. Alguém poderia explicar-me por que não se segmenta em bimestre, em quadrimestre...? Qual a fundamentação científica dessa ridícula medida?

Os professores não deverão fazer concurso para ter um emprego, para trabalhar na escola mais próxima da sua residência. O professor deverá aderir a um projeto, em dedicação exclusiva. E isso é possível! Já foi provado... na Escola da Ponte.

São muitos caminhos de mudança. Muitas escolas que despertam para a necessidade de mudar. Ajudo professores que tomaram consciência da falência do modelo educacional em que foram formatados. Com coragem, lentamente, respeitando a criança, começam a desenvolver o projeto educativo da sua escola. Isso mesmo: os projetos educativos das escolas não têm sido cumpridos. A maioria dos professores nem sequer os leu. E quem os leu contraria na prática o projeto escrito.

Os professores que criam núcleos de projeto, que despontam em insuspeitos lugares, respeitam quem não quer mudar e requerem autonomia pedagógica. Haja esperança!"

"O país alimenta um sistema de ensino baseado na burocracia? O Governo fala em dar mais autonomia às escolas, em flexibilização de currículos, em mais aulas experimentais..."

"Pois é! Urge acabar com o experimentalismo. Alunos e professores não podem ser tratados como cobaias de laboratório. Acredito nos professores e parto daquilo que eles são, para que se sintam seguros no processo de mudança. Aproveito a sua formação experiencial. Concedo todo o tempo necessário e condições de autotransformação. Talvez, apenas seja preciso que os professores, para além de serem competentes, sejam éticos, para que a mudança se opere.

Mas é verdade que, como dizes, o país alimenta um sistema de ensino baseado na burocracia. Recordo um lamentável episódio. No fim de um ano letivo, com assiduidade plena e significativas aprendizagens realizadas, os alunos da escola de Monsanto 'reprovaram por excesso de faltas'. Eu sei que parece mentira, mas aconteceu. E os responsáveis por esse delito continuam impunes.

As escolas são pessoas, mas o ministério da educação crê que uma escola é um edifício. E uma crença não se discute, deve ser respeitada. Porém, crenças e 'achismos' não deverão ser suportes de política educativa.

Autoritária e arrogantemente, burocratas enquistados no sistema educativo impõem práticas desprovidas de fundamento científico, ou legal (terão lido o artigo 48º da Lei de Bases?). Ousam tomar insanas decisões, como o despropósito da reprovação por excesso de faltas, porque estão conscientes da impunidade dos seus atos e contam com o obsceno silêncio dos pedagogos. À luz da ciência produzida, desde há um século, a expressão 'reprovar por faltas' é uma obscenidade.

A que faltas se refere o ministério, dado que os alunos estiveram em situação de ensino doméstico e até estiveram dentro de um edifício, a que o ministério chama escola? Conseguirá o ministério explicar por que razão alunos com 100% de assiduidade reprovam, enquanto outros jovens aprendem...fora do edifício da escola?

Tudo começou em 2014, quando uma escola acabada de inaugurar foi encerrada pelo Ministério de Educação. Os pais dos alunos optaram pelo ensino doméstico, o agrupamento de escolas deu luz verde ao processo e as crianças foram acompanhadas por duas professoras. Porém, no primeiro dia de aulas do ano letivo seguinte, os pais foram informados de que o ministério não reconhecia a avaliação positiva aos alunos, atribuída pelas docentes. O ministério considerava ilegal a situação dos alunos, enquanto a Comissão de Proteção de Crianças afirmava que o alegado 'abandono escolar' não fora provado.

Os pais dos alunos pediram nova transferência dos seus filhos para o ensino doméstico, pedido que, garantem, foi aceite. E, enquanto o caso não se resolve, uma escola recém-inaugurada e que custou cem mil euros, está fechada. As crianças são transportadas para a sede do município, que dista trinta quilômetros de Monsanto. São duas viagens diárias impostas por burocratas, que 'acham' que as crianças devem estar fechadas no interior de um edifício a que chamam escola, numa sala de aula com x metros quadrados de área, durante x número de horas em x dias ditos letivos.

Desfecho do lamentável episódio: a ignorância é atrevida e triunfou. Relativamente a Monsanto, os (ir)responsáveis saberão o significado de avaliação formativa, contínua e sistemática? Serão analfabetos funcionais? Certamente, terão lido o artigo 48º da Lei de Bases, mas foram incapazes de interpretar o seu significado.

Há cerca de uma dúzia de anos e com burocráticos argumentos, um ministro de má memória tentou destruir o projeto da Escola da Ponte. Os sindicatos, a universidade e a sociedade civil impediram que mais esse atentado ministerial obtivesse êxito. Na presente situação, os professores portugueses permitiram que o autoritarismo imperasse, e que critérios de natureza pedagógica fossem desprezados, permaneceram apáticos. Mais uma vez, nada fizeram para acabar com a impunidade. É estranho e pesado esse obsceno silêncio.

Reflitamos sobre palavras-chave de projetos do século XXI (comunidade, rede, círculo...) são incompatíveis com a manutenção de órgãos unipessoais e hierarquias burocratizadas. É necessário passar de uma cultura de solidão para uma cultura de equipe, de corresponsabilização. Sozinhos, os professores nunca conseguirão ensinar tudo a todos. Essa transformação, essa reelaboração da nossa cultura pessoal e profissional custa tempo e sofrimento.

O professor assume dignidade profissional, sendo autônomo--com-os-outros. Enquanto o exercício da profissão não se pautar por critérios de natureza pedagógica, enquanto a burocracia prevalecer em detrimento da pedagogia, os professores continuarão a ser considerados os 'bodes expiatórios' dos males do sistema. Faltará apenas que os professores sejam, efetivamente, críticos, reflexivos das suas práticas. Que, na relação com qualquer parceiro, se elimine o "período letivo", o trimestre, o ano letivo... Que, em todo o tempo de aprender, prevaleça a prática de uma comunicação horizontal, dialógica, em contraste com a cultura predominante nas escolas, uma cultura assente no individualismo, na competição desenfreada, na ausência de trabalho em equipe, na ausência de verdadeiros projetos.

A situação poderá ser alterada se os critérios de natureza administrativa não estiverem submetidos a ocultos interesses político-partidários. Quando políticos, para os quais a pedagogia é ciência oculta, deixarem de dar opinião, ou decidir em algo que não entendem.

Sejamos esperançosos. Assisto ao surgimento de projetos geradores de espaços de convivência reflexiva, de que as escolas carecem. Vejo cuidar da pessoa do professor, para que ele se veja na dignidade de pessoa humana e veja outros educadores e alunos como pessoas."

"Quarenta anos depois, a Escola Básica da Ponte tem nota máxima na avaliação externa do Ministério da Educação. Os alunos, em conjunto com os tutores, definem quinzenalmente objetivos de aprendizagem e são avaliados à medida que aprendem. Seria possível disseminar este projeto em Portugal?"

"Não diria 'disseminar', mas inspirar. São já muitas as escolas portuguesas, que se inspiraram nas práticas da Ponte, para mudar as suas práticas.

Na Ponte de há 40 anos, as salas de aula foram substituídas por espaços de 'área aberta'. Depois, deram lugar a aprendizagens em múltiplos espaços sociais (edifício da escola incluído), num anúncio da possibilidade de conceber novas construções sociais de aprendizagem.

No edifício da escola, nas praças, nas empresas, nas igrejas, nas bibliotecas públicas, e nos centros culturais, passamos a contemplar um novo modo de desenvolvimento curricular, duas vias complementares de um mesmo projeto: um currículo subjetivo, nem projeto de vida pessoal, a partir de talentos cedo revelados; um currículo de comunidade, baseado em necessidades, desejos da sociedade do entorno.

Que, por exemplo, os professores não percam tempo a tentar ensinar fora de tempo o que é um 'dígrafo', ou expressões como 'sujeito nulo subentendido', o que são 'plantas epífitas', ou em que consiste um 'ato ilocutório diretivo'?

Quando fui aluno de escola 'tradicional', gastei um tempo precioso a decorar os afluentes da margem esquerda de rios e de outras lengalengas que, agora, me ocupam a memória de longo prazo. Não me fizeram mais sábio, nem mais feliz.

É preciso experimentar um novo modo de organização, em equipes de pessoas autônomas e responsáveis, todas cuidando de si mesmas e de todo o resto, numa escola realmente 'pública'. Não negando o potencial da razão e da reflexão, juntar-lhe as emoções, os sentimentos, as intuições e as experiências de vida. E uma escuta que, para além do seu significado metodológico, terá de ser humanamente significativa e se assentar numa deontologia de troca 'ganha-ganha'.

Que se perceba que toda a prática tem teoria subjacente, que não há prática sem teoria. E que a fundamentação teórica do ato de educar seja multirreferencial, numa práxis coerente com necessidades educativas locais, escapando às modas e fundamentalismos pedagógicos. Que a aprendizagem não está centrada no professor, nem no aluno, mas na relação. E que da qualidade da relação depende a criação de vínculos (cognitivos, afetivos, emocionais, éticos, estéticos, até mesmo espirituais), contemplando a multidimensionalidade do ser humano. Da qualidade da relação depende uma boa qualidade educacional.

As escolas poderão desenvolver um currículo mais adequado às novas competências e exigências do século XXI. A velha escola há de parir uma nova educação. Mas as dores do parto serão intensas, enquanto as 'naturalizações', as 'certezas', as crenças ministeriais, a tecnocracia e a burocracia continuarem a prevalecer em domínios onde deveria prevalecer a pedagogia (melhor dizendo, ciência da educação).

Creio que ainda não é consensual, mas é incontornável. A Ponte provou a possibilidade de mudança e inovação. Os efeitos do projeto, que relatórios de comissões de avaliação independentes atestam são bem melhores do que os obtidos pelas escolas ditas 'normais'.

Esses resultados constam de relatórios de avaliação externa, elaborados por equipes nomeadas pelo Ministério da Educação. São produto de uma avaliação isenta, e atestam a elevada qualidade das aprendizagens realizadas pelos alunos.

Diz-nos o último dos relatórios de avaliação que, quando transitam para outras escolas, os alunos da Ponte alcançam melhores notas do que os alunos de outras escolas conseguem alcançar. E, se no domínio cognitivo isso acontece, muito mais significativos são os níveis de desenvolvimento sócio moral.

Quando fui membro do Conselho Nacional de Educação, coube-me redigir um 'parecer' sobre uma proposta de 'reorganização curricular'. Um dos itens da proposta de lei era a criação de uma aula semanal de 'educação para a cidadania'. Questionei: cidadania em cidadania se aprende. Não se 'eduque para a cidadania', eduquemos no exercício de cidadania plena. Os alunos só serão 'cidadãos' 50 minutos por semana? Numa aula de matemática ele não será considerado 'cidadão'?

Na Ponte, é grande a preocupação com a vertente ética. Sabemos que o desenvolvimento estético anda ao lado do desenvolvimento cognitivo, sendo mutuamente influenciados. Não fragmentamos os saberes: estudos realizados com adultos formados ao longo dos últimos 30 anos demonstram que todos os nossos ex-alunos são pessoas socialmente integradas e realizadas. Talvez possa acrescentar que a Escola da Ponte provou que é possível outra educação, aliando excelência acadêmica à inclusão social."

"O Governo acaba de traçar o que deve ser o perfil dos alunos à saída da escolaridade obrigatória: jovens perseverantes, com pensamento crítico, que querem aprender mais. É este o caminho?"

"São muitos os caminhos. Mas esse é quase um atalho para um beco sem saída. Mas, essa proposta tem alguma qualidade, poderá ser um dos caminhos. Que não se suspenda essa medida de política educacional. Mas, que não se hipoteque mais uma possibilidade de mudança a troca de votos.

As mudanças deverão partir, simultaneamente, das escolas e do poder público. E são precisos muitos anos, para que se consolidem. As mudanças carecem de continuidade e de avaliação. Nos últimos anos, apesar da profusão de tentativas de reforma, programas, projetos, congressos, cursos e afins, não se logrou melhorar a qualidade da educação nacional.

Mas Portugal tem tudo aquilo que precisa. E esse desiderato será alcançado quando as escolas deixarem de estar cativas de um modelo educacional obsoleto e de uma gestão burocratizada, na qual os critérios de natureza administrativa se sobrepõem a critérios de natureza pedagógica e científica."

"O que diria a uma criança de seis anos antes de entrar na escola? E a um jovem que acaba o 12º ano?"

"Tenho netos dessa idade e não sei o que lhes dizer."

"O que diria aos pais que têm um filho que vai entrar na escola e aos pais que tem um filho que saiu da escola e não quer ir para a universidade?"

"Diria que fossem procurar nas escolas professores que ainda não tenham morrido. E que, com eles, colaborem, para bem dos seus filhos.

No início do projeto da Ponte, compreendendo o medo e respeitando a atitude conservadora daqueles que não queriam mudar, começamos um trabalho à parte. Inicialmente, os alunos reagiam mal, porque era mais cômodo ouvir aula do que trabalhar em pesquisa, em projeto. Depois foram os professores das outras escolas, que começaram a criar-nos dificuldades.

Os pais dos alunos manifestavam dúvidas e receios, apenas desfeitos quando os sus filhos obtiveram excelentes resultados em provas nacionais e de acesso à universidade.

Os pais são pessoas inteligentes e amam os filhos. Os professores são pessoas inteligentes e amam os alunos. Estão do mesmo lado. Se explicamos aos pais, numa linguagem que eles entendem, que aula não tem que existir, que prova não prova nada, que não tem de haver série, que o fundamental não precisa ser separado do resto, enfim, os pais entendem.

Melhor do que isso, no caso da Escola da Ponte, os pais entenderam tão bem, que defendem o modelo e são eles que dirigem a escola.

Também participo de escolas brasileiras dirigidas pelos pais. A questão é que quem sabe de pedagogia são os professores. É essa a grande distinção. Uma escola tem que ser gerida pela pedagogia, mas quem deve administrar é a comunidade. Um projeto humano é um projeto coletivo. Sozinho, pouco ou nada eu poderia fazer. Constituímos uma equipe. Respeitamos aqueles que não quiseram mudar, apesar das críticas maledicentes, que nos atingiam e perturbavam. Guiados pela intuição pedagógica e pela amorosidade, dávamos aula durante a maior parte do tempo, porque era aquilo que nos tinham ensinado a fazer. Mas, fomos introduzindo alterações, a partir das nossas dificuldades de ensinagem.

Passamos de uma cultura de solidão para uma cultura de equipe, de corresponsabilização. Essa transformação, essa reelaboração da nossa cultura pessoal e profissional custou tempo e sofrimento. Decidimos habitar um mesmo espaço, derrubar paredes, juntar alunos. Compreendemos que, sozinhos não poderíamos ensinar tudo a todos. Mas, se estivéssemos em equipe, com um projeto, e autonomizássemos o ato de aprender, poderíamos responder efetivamente às necessidades de cada jovem.

Os pais têm direito de ficar em dúvida. Querem a escola para os filhos que foi a escola deles. Mas, se os pais forem esclarecidos e virem resultados, apoiam e defendem os projetos. Foi isso o que aconteceu na Escola da Ponte. Ela é dirigida por um conselho de direção. Não tem diretor.

Um diretor, enquanto funcionário, tem dever de obediência hierárquica. Quando recebe uma ordem 'superior' tem de a cumprir. Mesmo que não concorde, mesmo que fundamente a discordância, tem de cumprir e fazer cumprir a ordem. Onde está a dignidade da função? Onde está a autonomia?"

"Em Cotia, cidade perto de São Paulo, no Brasil, criou uma escola que tem uma tenda de circo com oficinas de skate, kart, azulejos, música, língua portuguesa, para crianças dos 12 aos 14 anos que vivem em favelas (pode corrigir se alguma coisa estiver errada nesta afirmação). Como se ensina em contextos de vulnerabilidade social, económica, cultural?"

"Fui para o Sul, porque precisaria de me afastar de uma escola onde labutei durante mais de trinta anos, para que novas equipes continuassem o projeto.

Acredito nos professores. E encontrei no Brasil, como havia encontrado em Portugal, muitos professores que possuem os dois requisitos básicos da profissão: competência e ética. Acompanho os seus projetos e com eles aprendo. Isso me basta.

Apenas precisamos que haja gente, educadores conscientes da necessidade e possibilidade de mudança, que se constituam numa equipe de projeto. Que saibam escutar sonhos e necessidades da comunidade em que estejam inseridos. E que ajam em função da lei e da ciência.

Não há duas escolas iguais, nem acredito em modelos. Portanto, não existe a possibilidade de surgirem projetos iguais. Aquilo que é afim entre os projetos é a ruptura com uma tradição de educação hierárquica e burocrática. São escolas que, com prudência (crianças não cobaias de laboratório), ousam reconfigurar as suas práticas, assumir formas específicas de organização do trabalho escolar, em dispositivos de relação, nas atitudes do dia a dia, que viabilizam práticas de educação integral. Outra semelhança é o fato de essas escolas cumprirem, efetivamente, os seus projetos educativos e a todos garantirem o sagrado direito à Educação."

"Há bons e maus alunos?"

"Somos todos bons e maus alunos.

Há boas e más práticas. E se identificamos necessidades especiais de aprendizagem nos alunos, reconheçamos as dificuldades de ensinagem nos professores. Pois não há alunos deficientes, mas mentalidades, contextos e práticas deficientes".

"Um professor não ensina aquilo que diz, transmite aquilo que é. A frase é sua. Mas há professores desmotivados, desanimados, à espera de que a reforma chegue rapidamente... "

"A aprendizagem é antropofágica. Os alunos aprendem o professor. O despertar da atenção do professor será o despertar da atenção do aluno, a concretização do primeiro dos princípios de aprendizagem: que ela significativa.

As escolas dispõem de excelentes professores, a trabalhar do modo errado. E sobrevém o inevitável: doenças profissionais, idas ao psiquiatra, *bournout*.

"As novas tecnologias vieram para ficar. Devem ou não estar nas escolas? Como é que os pais devem lidar com o 'vício' de estar sempre amarrado a um tablet, a um computador, a videojogos?"

"Com ou sem novas tecnologias de informação e comunicação, a escola precisa ser reinventada. Mas do modo como as novas tecnologias estão sendo introduzidas nas escolas, temo que se transformem em panaceias, que apenas sirvam para congelar aulas em computadores, aulas que os alunos, acostumados ao imediatismo e à velocidade dessas tecnologias, acriticamente consumam, sem resquícios de cooperação com o aluno vizinho, dependentes de vínculos afetivos precários, estabelecidos com identidades virtuais.

A Internet é generosa na oferta de informação. Basta clicar para repetir, até que a matéria seja compreendida. Tudo aquilo que um professor pode 'ensinar' numa aula está plasmado, de modo mais atraente, na tela de um computador.

Os professores do 'futuro' irão manter-se ancorados em aulas obsoletas servidas por lousas digitais, ou irão atualizar-se? Irão replicar aulas congeladas no YouTube e em tablets, ou irão usar o digital ao serviço da humanização da escola?

É evidente. As novas tecnologias são incontornáveis. A Internet não é uma ferramenta; é uma sociedade. Apenas será necessário saber o que fazer com as novas tecnologias. É certo que as escolas se têm enfeitado de novas tecnologias, mas sem lograr intensificar a comunicação e a pesquisa. O modo como as escolas utilizam a Internet fomenta imbecilidade e solidão."

"Muitos professores têm de andar com a casa às costas. Não é possível acabar com as fórmulas que colocam docentes tão longe das suas famílias?"

"Será possível evitar que os professores andem com a casa às costas quando se substituir o velho modelo por novas construções sociais de aprendizagem, ou quando a administração educacional resolver cumprir a Lei de Bases, nomeadamente, o constante do seu artigo 48º. Encontraremos uma das causas do não-cumprimento da lei em vícios adquiridos no processo de formação profissional e na normose instalada na funcionarização do professor.

A profissão de professor é a única profissão em que o estágio é feito antes de tirar o curso. Fazem 12 anos a ouvir aulas, entram na faculdade e ouvem aulas, e vão dar aulas. Podem até ouvir falar dos 'Piaget da vida', mas os estágios são feitos em escolas tradicionais, onde estão excelentes professores tradicionais que trabalham no paradigma do século XIX ou XVIII.

Isso tem um nome: isomorfismo na formação. A formação é o nó górdio da profissionalidade docente."

"A distinção entre ensino público e ensino privado, na maior parte dos indicadores educativos, é regra no nosso país. Essas comparações fazem sentido?"

"Esse tipo de comparação e os *rankings* de escolas são disparates inseparáveis. Nem vale a pena comentar."

"Portugal habituou-se a olhar para os exemplos educativos da Europa do Norte. É tempo de olhar para outros lados?"

"Portugal não precisa ir ao estrangeiro procurar as suas soluções. Elas estão cá dentro, embora o nosso país tenha condenado os seus maiores pedagogos ao degredo e à morte da memória. Embora não sejam praticados, Vygotsky e Piaget são estudados. Mas raramente se houve falar de Agostinho da Silva, de Faria de Vasconcelos, de Bento de Jesus Caraça, de Irene Lisboa, de Adolfo Lima, de António Sérgio, de...

A Finlândia extinguiu a Inspeção de Ensino e exames. Mas, deveremos estar mais atentos ao que se passa nos colégios jesuítas da Catalunha.

A Europa do Norte e os Estados Unidos são pródigos na divulgação de absurdos. A última 'inovação' veiculada pela grande média foi a da 'aula invertida'. O que vem a ser isso?

Nas palavras do seu 'criador', *flipped classroom*, ou sala de aula invertida, é o nome que se dá ao método que inverte a lógica de organização da sala de aula. Os alunos aprendem o conteúdo no aconchego dos seus lares, digerindo videoaulas e *games* (a chamada aula cassino). Na sala de aula, fazem exercícios... Elise e Celestin Freinet isso fizeram há um século e sem computadores.

Diz-nos a média 'especializada' que o 'peer instruction' foi inventado há cerca de vinte anos atrás. Há vinte anos? Há quase um século, o Vygotsky nos dizia que a aprendizagem é resultante de um processo interativo e considerava a existência de uma ZDP, que representa a diferença entre o que o aprendiz pode fazer individualmente e aquilo que é capaz de atingir em colaboração com outros aprendizes. Também sabemos que, há mais de trinta anos, o Papert escreveu sobre o assunto. E que, há cerca de quarenta anos, o trabalho de pares era prática comum no quotidiano de uma escolinha de Portugal, muito antes de um professor de Física o ter 'inventado'.

Os portugueses deveriam procurar caminhos de alforria científica e a sua maioridade educacional, sem prescindir do que venha do estrangeiro. Novidades importadas, não passam de inovações requentadas."

"Acredita numa nova construção social de aprendizagem. O que é que isso implica?"

"Há quarenta anos, a Ponte provou a possibilidade de romper com o ciclo vicioso da reprodução, conseguiu que uma maioria de alunos oriundos da pobreza alcançasse a excelência acadêmica e a inclusão social. O seu projeto não deve ser replicado, mas a Ponte deverá constituir fonte de inspiração.

O papel essencial será o da criação de condições de reelaboração da cultura pessoal e profissional dos educadores. Isso compete a uma formação, que, ainda e infelizmente, peca por defeito.

Estou a falar de projetos que produzem excelência acadêmica e inclusão social e onde não há organização por idades. Onde as escolas não têm casa de banho do aluno separada de casa de banho do professor, onde os auxiliares de ação educativa ensinam a limpar aqueles que sujam, onde a educação acontece. Onde não há salas de aula, nem segmentações em turmas e anos de escolaridade. Foi concebida uma nova construção social de aprendizagem onde todos aprendem."

"Vale a pena continuar a ensinar?"

"Talvez apenas seja preciso que os professores sejam competentes e éticos, para que a mudança se opere e as escolas sejam, efetivamente, locus de educação em democracia.

A educação é um direito de todos os cidadãos, é dever do Estado. E o Estado não cumpre esse dever.

O direito à Educação é negado a milhares de seres humanos. A imposição um modelo educacional obsoleto configura crime de abandono intelectual. Consumado o sucateamento da escola pública, a educação deixa de ser considerada um direito, passa a ser mercadoria.

O meu amigo Stoer aponta o equívoco que consiste em se continuar a pensar o processo de ensino-aprendizagem para alunos que não são aqueles que, efetivamente, chegam às salas de aula por via da massificação do ensino. E faz registro de *desabafos* de professores:

"Assim não é possível ensinar", "não sei o que hei-de fazer", "de ano para ano é cada vez pior."

Esses desabafos são produtos do senso comum pedagógico que, de tanto se repetirem, acabam por contribuir para a desqualificação dos professores na medida em que tendem a desqualificar... os alunos.

Quando a meta não é a formação de todos os jovens, mas o alcançar de *performances elitistas acessíveis apenas a alguns,* os professores dão um passo definitivo para a desqualificação da pedagogia e para a sua própria desqualificação profissional.

Até mesmo a introdução das novas tecnologias de informação e comunicação nas escolas pode precipitar o processo. As nossas escolas poderão transformar-se em palimpsestos nos quais os registros primitivos não se apagaram e os novos registros foram feitos com... sumo de limão. Poderemos mesmo antever a substituição do professor por monitores de informação muito mais eficientes que ele nessa função.

Mantém-se nas nossas escolas (e nem sequer disfarçada!) uma lógica de *Liceu* que condena ao ostracismo, por exemplo, áreas como a da formação pessoal e social. A escassa compreensão dos fenômenos que atravessam uma escola massificada, os conflitos que ela engendra, agrava ou não resolve e uma Tendência para recuperar e deificar a *teoria dos dotes* arrastam os professores para uma, cada vez maior, crise de profissionalidade. Ao buscarem a legitimação para a sua autoridade apenas na especialização acadêmica, votando ao ostracismo a componente pedagógica da sua profissionalidade, os professores caminham no sentido da sua desqualificação.

Esta tendência é bem visível na atitude sobranceira que muitos denotam relativamente às pedagogias e às ciências da educação. Entender-se-á, se pensarmos que as tais ciências da educação não lograram ainda penetrar o sistema e que apenas servem de recurso à retórica de políticos e decisores. Entender-se-á, se admitirmos que a formação de muitos professores ainda consiste na imitação de aulas obsoletas como as que lhes foram servidas desde os bancos da *'primária'* até aos anfiteatros de uma *'academia ancilosada que despreza a pedagogia'*.

Enfim! Creio que ainda vale a pena ensinar. Sobretudo, se a ensinagem ajudar a desenvolver... aprendizagem."

NOS PRIMÓRDIOS DA FORMAÇÃO

Participei da criação do primeiro centro de formação do meu país. Nasceu sob o signo da dissidência, relativamente à formação que, então, se fazia.

Realizamos centenas de ações de formação continuada. Mas nunca o fizemos recorrendo a modalidades formativas instrucionistas, como o curso, o seminário, o treinamento. Elegemos o projeto e o círculo de estudos como práticas de uma formação isomórfica, que acompanhávamos e que tinham por referência o paradigma da aprendizagem. Entre as modalidades de formação de caráter instrucionista recuperamos o módulo de curso e a oficina.

E chegou o momento das interpelações:

"O vosso projeto fala sobre os orientadores educacionais, no item 29: 'A formação inicial e não-inicial dos orientadores educativos deve acontecer em contexto de trabalho, articulando-se a Escola, para esse efeito, com outras instituições'. Será que poderiam deixar mais claro?"

Efetivamente, "clarificamos":

Por detrás de toda a mudança efetuada na Ponte, há um conjunto de reflexões (teoria) que as sustenta. No caso da formação, existe uma dissertação com muitas páginas, que não ouso transcrever, mas de que extraí alguns excertos, que poderão ajudar a responder.

Estes excertos têm dois defeitos, para além de outros: refletem a realidade portuguesa (bem diferente da brasileira), restringem-se à modalidade de formação que adotamos na Ponte (o círculo de estudo), mas creio que se mantêm atuais.

No campo da formação, as iniciativas foram tradicionalmente marcadas por uma preocupação eminentemente técnica. Visavam rituais de atualização concebidos por organismos centrais ou regionais do Ministério da Educação, com recurso frequente a instituições de formação inicial de professores. Os formadores refletiam uma profunda ignorância relativamente a problemas específicos deste ciclo de ensino e escudavam-se, inevitavelmente, na transmissão de conteúdos teóricos.

Estes encontros tiveram uma virtude. Foram oportunidades não desperdiçadas por alguns professores para interpelar a própria formação. Alguns segmentos conjunturais foram, deste modo, abertura para a concepção e desenvolvimento de projetos locais. E se alguns outros projetos foram anulados pela intervenção da hierarquia administrativa, outros houve que resistiram à erosão do tempo.

O modelo acolhe e valoriza a formação nos contextos mutáveis de trabalho, pauta-se pela flexibilização e pela harmonização com a aprendizagem informal. Não distancia a formação dos professores das realidades organizacionais em que os indivíduos atuam e reconhece que a ação educativa é apenas uma das componentes, um dos possíveis momentos de um processo de formação de adultos, e que, per si, uma ação educativa não é automaticamente formadora.

Em outras modalidades, a formação é concebida num espaço isolado dos contextos em que a aprendizagem se desenvolve. Pressupõe que a informação e a formação são dois momentos cumulativamente justapostos, numa linearidade simples.

A oposição entre teoria e prática é ultrapassada por uma praxeologia que confere à experiência um estatuto de fonte de conhecimento, enquanto objeto de reflexão e de produção dos próprios conhecimentos.

A formação é um meio e não um fim em-si-mesma. Os professores são mediadores de formação. Passam da valorização do saber à sua partilha, inseridos num sistema social em que detêm competências específicas."

Descrevi a saga formadora dos anos setenta num velho livrinho, que tem por título "Formação e Transformação". Círculos de estudos de formação isomórfica despontavam e davam origem a significativas mudanças. Tratava-se de uma formação centrada na escola e não de uma deformação sentada na escola.

Em novembro de 1978, era publicado o primeiro número do "Projeto", boletim do Centro de Documentação Pedagógica. Esse primeiro boletim e os boletins seguintes davam notícia de encontros de tertúlias literárias. Novas modalidades eram ensaiadas – círculos e tertúlias – enquanto a mesmice imperava, pois os cursos ocupavam quase por completo os cardápios dos centros de formação.

À entrada para o nosso século, a formação já se burocratizara. E aquela que a administração educacional caucionou nada mudou. Essa formação foi uma grande mentira construída sobre milhões de euros. Prova disso era o fato de, nos idos de vinte, o ministério lançar projetos de formação, que eram réplicas dos inúteis projetos lançados trinta anos antes.

A formação, que já fazíamos na década de setenta tinha em conta a história e a ação dos professores, como estruturantes das aprendizagens e das interpretações e utilizações que delas viessem a fazer. Transformava-se num processo de consciência do mundo e de elucidação do significado das relações interpessoais, com a instituição e com o saber. Traduzia-se na não-dissociação do desenvolvimento profissional e do desenvolvimento pessoal.

As escolas com projetos participados pela comunidade eram lugares privilegiados de formação de consciência radical e de ação crítica coletiva. Nenhuma mudança poderia fazer a economia dos atos individuais implicados num processo de transformação coletivo, no qual o professor estabelecia o diálogo entre o eu que agia e o eu que se interrogava.

Entre os anos setenta e oitenta, participei em inúmeros círculos de estudo. No início da década de noventa, ajudei a juntar educadores de vários círculos e a *Associação PROF* foi fundada. Essa associação criou o primeiro centro português de formação continuada. Transcrevo parte da ata de reunião de um dos círculos de estudos realizados na PROF:

> *"Os professores não exercem de uma forma feliz a sua função. As pessoas começam o ano cansadas. Dizem que não lhes apetece fazer nada. Há um desgaste imenso. Ainda bem que houve esta chuva de exigências. Mostrou a fragilidade dos professores. Mostrou que, já antes, as coisas funcionavam mal. Se estivéssemos certos do nosso valor e do valor que a sociedade reconhece ao nosso trabalho, a avalanche não seria tão sentida. Pode estar a faltar determinada formação..."*

A ata dava conta de uma situação semelhante àquela que os professores viveram durante a pandemia de 2020. A sobrecarga de trabalho, associada à angústia de não conseguir "alcançar" virtualmente todos os alunos, gerava desgaste.

"Pode estar a faltar determinada formação" – referia a ata.

A formação de professores estava imersa em equívocos. Sabemos, hoje, que um formador não ensina aquilo que diz; ele transmite aquilo que é, e que a aprendizagem é antropofágica. O formando aprende o outro... aprende o formador.

A nova formação surgiu na PROF, quando o subsistema de formação continuada foi criado, uma formação isomórfica, praxiológica, geradora de aprendizagem.

Isomórfica, porque o modo como o professor aprende é o mesmo modo como o professor ensina. Se o formando participa de um curso sobre "metodologias ativas na sala de aula", ele não irá desenvolver "metodologias ativas", mas "inativas". Se o formador "dava aula" no curso (uma modalidade de formação do século XIX), o formando iria "dar aula". O que ficava do curso era aquilo que o formando havia vivenciado. Era o modo, a modalidade.

A nova formação era praxiológica porque partia do fazer, para refletir. As dificuldades de ensinagem sentidas pelo professor impelia-o à pesquisa, numa dialética freiriana posta em prática, através da mediação assegurada por um formador que já havia posto em prática a teoria, que sabia fazer.

Na formação tradicional, o formador recorria ao "blá, blá, blá" dos teoricistas, fornecia técnicas, falava dos "piagets" e dos "vygotskys" da vida. Quando terminava o curso, o professor voltava para a sala de aula com o seu certificado. Mas o Piaget não estava lá, e o Vygotsky tinha fugido.

Na PROF, a formação era geradora de aprendizagem. A teoria não precedia a prática. E o professor não era considerado objeto, o "incapaz" que recebia "capacitação". Era considerado sujeito de aprendizagem, ao serviço de um projeto assumido por uma equipe e que uma comunidade havia adotado.

Nos anos setenta, assim falava a Jacinta:

"Nos projetos, que neste centro foram gerados, impera a alegria e a boniteza freiriana. E esse tal 'sistema', que dizem que não permite mudanças... somos nós! Que rigor e que exigência existem num modelo educacional, no qual alunos do século XXI são 'ensinados' em aulas do século XIX?"

Já nos anos vinte deste século, eu escutei a mesma pergunta, mas... "atualizada". E a Jacinta, formadora da Associação PROF, estranhava que, decorrido meio século, ainda houvesse quem ignorasse a existência do princípio do isomorfismo na formação, quem acreditasse que a teoria precedia a prática, quem considerasse o formando como objeto de formação, quando deveria ser tomado como sujeito em autotransformação, no contexto de uma equipe, com um projeto. há vinte anos, prevaleciam práticas carentes de comunicação dialógica, culturas de formação individualistas, de competitividade negativa, das quais estava ausente o trabalho em equipe.

Uma das fundadoras do centro de formação da Associação PROF isto escreveu numa avaliação do trabalho em círculo de estudos:

"Temos melhorado o modo de ensinar, mas não combatemos o mal pela raiz. Se deixarmos de reunir, tudo volta ao princípio. A minha vida tem sido difícil na escola. Os quinze anos de trabalho já contam como trinta.

Tenho necessidade de parar, para refletir. Não há direito de não nos deixarem trabalhar de maneira diferente. Os professores e gestores que impedem o nosso trabalho deveriam ser castigados.

Há valores que falham nas pessoas dos professores. Teremos de mudar o nosso comportamento. Não estou doente. Estou consciente. Como elemento da associação devo falar isto.

A associação deve permitir estes desabafos, sem termos medo de que nos considerem malucas. De outra forma, não me interessa continuar a ser professora. Não quero ser controlada por gestores ditadores".

Em outro encontro de formação, ouvi falar de solidariedade, de senso crítico, de uma cultura feita de uma digna autonomia:

"Uma das coisas que esta associação conseguiu foi a partilha. E se não tivesse havido os ataques que nos fizeram, nem teria tido graça.

Ouvia dizer que 'eu tinha a mania que era diferente', mas consegui acabar com a mediocridade. Deixai-me contar isto... Um inspetor veio à minha escola e só queria números. Em termos da realidade que ali se vivia, nada! Não se pode admitir! Nós é que sabemos o que é melhor para os alunos! Disse que era superior hierárquico. Respondi-lhe com respeito, mas de maneira que ele se foi e não voltou."

Nesse tempo, resquícios da ditadura ainda se faziam sentir e incutiam insegurança e medo nos professores. Mas o medo não era um sentimento que na PROF se cultivasse, como podereis verificar nestes excertos:

"Muitos colegas tiraram um curso para repetir o que lhes meteram na cabeça. Deixam-se manipular por outros.

Para que o meu marido me considerasse (o trabalho dele é de fazedor de dinheiro e o meu é mal pago, mas faz crescer outros) eu precisei de acreditar em mim em primeiro lugar. O meu marido não respeitava a minha profissão, dizia que era banal e insignificante. Ao fim de vinte e quatro anos de serviço e de vinte como casada, ele dá-me valor. Eu cresci perante o meu marido como pessoa, através da minha profissão."

Com esta boa gente passei vinte anos, talvez os mais produtivos da minha vida profissional. Em 2020, as fundadoras da Associação PROF estavam aposentadas, outras haviam falecido. Mas o seu exemplo de dignidade profissional inspirara e encorajara novas gerações de educadores.

Em agosto de vinte e três, mais um processo de "autoformação-com-os-outros" começava. Encontrávamo-nos nas manhãs de sábado (nas tardes, em Portugal), mas o tempo entre encontros era, também, de formação, porque a mudança, como diria Ardoino no seu "Propos actuels sur l'éducation", não poderia ser promovida somente de fora, ao nível das superestruturas e dos decretos institucionais, se não fosse, ao mesmo tempo, no interior, pelas vozes daqueles que a ela aspiravam e que a iriam, finalmente, exercer.

Certo é que, numa formação de caráter isomórfico, foram operadas profundas transformações, muitas "turmas-piloto", muitas escolas, universidades, agrupamentos de escolas, secretarias de educação e educadores empreenderam caminhos novos, a mítica "escola do futuro" aconteceu no presente. Pois, como diria o meu saudoso amigo Steve Stoer, seria inútil formular projeções sócio-históricas, porque não havia na história dos profissionais da educação um futuro pré-determinado. O amanhã seria o resultado aproximado de opções tomadas no *hic et nunc* do chão de escola.

Sempre fui avesso ao uso do jargão científico. Abrirei uma exceção, para citar palavras de um jovem centenário de nome Edgar, que, há cerca de vinte anos, legitimava as nossas opções formativas:

"Como nossa educação nos ensinou a separar, compartimentar, isolar e, não, a unir os conhecimentos, o conjunto deles constitui um quebra-cabeças ininteligível. As interações, as retroações, os contextos e as complexidades que se encontram na man's land entre as disciplinas se tornam invisíveis.

Os grandes problemas humanos desaparecem em benefício dos problemas técnicos particulares. A incapacidade de organizar o saber disperso e compartimentado conduz à atrofia da disposição mental natural de contextualizar e de globalizar.

A inteligência parcelada, compartimentada, mecanicista, disjuntiva e reducionista rompe o complexo do mundo em fragmentos disjuntos, fraciona os problemas, separa o que está unido, torna unidimensional o multidimensional. É uma inteligência míope que acaba por ser normalmente cega. Destrói no embrião as possibilidades de compreensão e de reflexão, reduz as possibilidades de julgamento corretivo ou da visão a longo prazo."

Houve um tempo em que acreditei que indo escutar professores universitários em devaneios teóricos me ajudaria a melhorar a minha prática. No final da década de setenta, deixei de perder tempo a escutá-los. Era só teoria.

Também, deixei de me inscrever em ações de formação teoricista. Escandalizava-me, me quedava perplexo face a teóricos que dissertavam sobre mediação pedagógica sem jamais a praticarem, ficava confuso perante "construtivistas" cujas práticas eram a negação do construtivismo.

Esses personagens do drama educacional eram como Mister Jekyll na teoria e Mister Hyde nas práticas. Comecei a entender o êxito comercial dos livros de autoajuda pedagógica, *best-sellers* desse tempo.

Até havia "cursos de metodologias ativas em sala de aula", como se tal coisa fosse possível. Os formandos voltavam para a sua sala de aula, guardavam numa gaveta os papéis que lhes foram entregues na ação de formação, esqueciam-nos, e continuavam a praticar "metodologias inativas". Presumia-se que, se pudesse ajudar professores a melhorar o trabalho em sala de aula, quando o necessário, seria acabar com a sala de aula.

Não era necessário inventar novos conceitos, rebatizar conceitos antigos. Necessária seria a reinvenção das práticas. Após alguns anos de experimentalismo reformista e de tentativas de psicologização das escolas, tínhamos nas escolas mais do mesmo. Gilles Ferry buscava explicar o drama, contextualizando-o no campo da formação de professores:

Existia uma analogia estrutural entre o vínculo da formação e o vínculo da prática profissional que essa formação produzia, uma isomorfia. Resultava dessa isomorfia que, qualquer que fosse o modelo adotado pelos formadores, ele tendia a impor-se como modelo de referência dos "formados". Os efeitos de estruturação e de impregnação produzidos pelo dispositivo de formação eram mais fortes do que o discurso.

Se o ser humano manifesta limites, possui, também potencialidades, que poderão, ou não, ser desenvolvidas e expressas a partir de ocorrências transformadoras. Foi no contexto dos processos de uma formação transformadora, que me redescobri herdeiro de uma herança crítica de professor primário a quem a Sociologia, a Psicologia, a História da Educação e outras ciências tocaram, num percurso profissional já meio feito.

Não era a experiência, enquanto tal, que contava, mas as aprendizagens que comportavam uma dimensão teórica e prática. O diálogo entre experiências complementares não consistia numa simples troca de conhecimentos empíricos. Era um exercício rigoroso, em que se jogava a totalidade da pessoa. A utopia fazia apelo a exigências antropológicas fundamentais, expressava o conflito entre conceções de Homem e de sociedade.

Ao cabo de vinte anos de Ponte, numa faculdade, me fizeram mestre. Percebi que aquilo que, na Ponte, havíamos feito com amor, desvelo e intuição pedagógica, também tinha fundamento teórico. E, desgostado, compreendi que os meus formadores universitários não praticavam a teoria que propagavam.

Alguns tinham passado pelo chão de escolas, onde tinham tentado inovar. Em vão o fizeram. Desistiram de tentar. Se doutoraram. E se fizeram professores universitários. Eram pessoas de alto gabarito intelectual, autores de vasta bibliografia e, entre eles, até contava alguns amigos. Vivemos trajetórias trocadas. Fizemos escolhas. Eles optaram por debitar teoria do alto da cátedra. Eu optara pela práxis (a prática com teoria) do chão das escolas.

Abdicando de comparações maniqueístas, com extrema compaixão, busquei remir as suas contradições e incoerências. Reconhecia o mérito desses mestres e com eles aprendia. Mas, não fui capaz de lhes perdoar omissões perante a prepotência de lideranças tóxicas. Nem a perversa cumplicidade com burocratas ministeriais. Para eles, eu passara a ser um "incômodo".

No tempo da Covid-19, com o apoio de áulicos, a formação assumiu um caráter literalmente virtual (no sentido de meramente teórico). A Internet se enxameara de empresas, sistemas de ensino e outras agências de deformação de professores, quase exclusivamente, sustentadas na modalidade curso, numa concepção autoritária, uniformizadora e anacrônica da ação pedagógica, incapaz de operar mudanças, ou de criar condições de inovação.

Atento à inutilidade da formação, que então se fazia, o amigo André aquiesceu a incluir no plano de formação da secretaria de Mogi, um processo de reelaboração da cultura profissional dos professores, a que foi dado o nome de "aprender em comunidade". Isomorficamente, "homeopaticamente", círculos de estudo delineavam contornos de "círculos de aprendizagem". Os processos de autoformação em equipe contemplavam a humanidade dos educadores, sendo coerentes com a indivisibilidade das dimensões biológica, mental e espiritual de cada pessoa.

UTOPIAS REALIZÁVEIS

Num ensaio de prefácio para um "dicionário de utopias", tentei justificar a publicação dessa obra e a minha insistência em ser um designer educacional e um aprendiz de... utopias.

No período renascentista, utopia era quase sinônimo de protesto. Há três ou quatro séculos, múltiplas utopias habitavam o reino da fantasia e da ficção científica. Shakespeare glosou-as na peça "The Tempest". No século XIX, as precursoras tentativas de Fourier e Owen visaram passar ao real o ideal de Morus ou de Campanela.

No nosso século, importará reconhecer que, se Tomás Morus escreveu a sua "Utopia" baseado num opúsculo de Américo Vespúcio, talvez, seja necessário sulear a busca de novas utopias. Foi no sul que Vespúcio encontrou um mundo onde "todas as coisas são comuns", onde "cada pessoa é dona de si própria". Foi no Sul que o navegador deparou com a concretização da utopia de não haver ricos nem pobres, uma sociedade humanamente mais desenvolvida do que a europeia.

A América viu concretizar-se a primeira experiência utópica renascentista. Em 1530, Vasco de Quiroga, juiz e bispo de Nova Espanha, fundou um colégio conservando as línguas autóctones e proibiu a escravidão dos índios. Depois, no hiato de cinco séculos, houve um desvio de rota...

Quando quis celebrar os feitos do Gama, Camões partiu dos relatos de Caminha. Achou no Sul a sua "Ilha dos Amores", suleou o canto IX, ainda que o norteasse no estilo. O épico antecipou em quatro séculos a utopia de Agostinho da Silva, também ele navegante do sul.

"Utopia" deixou de ser somente um vocábulo criado a partir do grego "lugar inexistente". O mestre Agostinho, cultor de Vieira, demonstrou ser viável no Brasil a profecia de Tomás Morus. Aliás, tratar-se-á apenas de recuperar o viver fraterno, igualitário, que caracterizava a este território antes da chegada dos europeus.

Embora, no século XXI, o modelo jesuítico de Educação seja discutível, será preciso não esquecer que foram os jesuítas os fundadores da comunidade dos Sete Povos das Missões. Enquanto no norte do sul, o jesuíta Vieira pugnava pela sobrevivência dos índios, os jesuítas do sul do sul organizavam os índios em comunidades, de algum modo os protegendo da escravatura e da extinção. Nessas comunidades, a alfabetização dos índios era uma realidade.

Poderá dizer-se que a intenção seria a de evangelizar, salvar as almas, mas surpreende o contraste: enquanto, nas missões, os índios frequentavam uma efetiva instrução primária, no resto do território dos ditos civilizados grassava a praga do analfabetismo.

A sanha assassina que se abateu sobre a comunidade dos Sete Povos das Missões repetir-se-ia, um século depois, na destruição de Palmares e de Canudos. Estes dois exemplos, tão maltratados pelos historiadores que fizeram a história dos vencedores, constituíram dramáticos pronúncios do retorno da utopia às terras do sul, cujos povos inspiraram os falanstérios, a Icária, a Nova Harmonia.

Bem acompanhado por Anísio, Eurípedes, Cecília, Darcy, Lourenço e outros educadores nascidos no Sul, o educador português imigrado Agostinho da Silva traduziu obras de educadores considerados "utópicos", para lançar sementes de renovação na educação que ainda hoje se faz no Brasil.

Agostinho compreendeu, muito antes do tempo dos discursos de política educacional, que será pela Educação que os brasileiros (todos) hão de assumir plena cidadania. Demonstrou não existir alternativa à concretização de utopias.

Por isso, quando os meus patrícios me perguntam por que razão eu viajo tanto para o Brasil, eu penso em Agostinho e explico... se comparadas ao Brasil, as escolas europeias dispõem de melhores recursos. Porém, acumulam-se as teses sobre o mal-estar docente, sem que se vislumbre a cura para a maleita dos professores. As escolas do "primeiro mundo" converteram-se ao mundo digital, mas mantêm e reforçam práticas de ensino obsoletas. Os excelentes profissionais que elas albergam possuem saberes suficientes para romper o círculo vicioso do insucesso, mas o insucesso mantém-se e prospera. As escolas portuguesas têm meios para se firmarem como espaços de democratização, mas estão acomodadas, cínicas.

Há, no Brasil (e em Portugal), muitos professores que dão sentido às suas vidas dando sentido à vida das crianças e das escolas. Sinto-me um privilegiado por encontrar tanta generosidade e responsável ousadia.

Em cada viagem, junto mais uma ou duas novas escolas ao já extenso rol. No extremo norte do país, um colégio busca a forma ideal de escola que dê a todos garantias do exercício da cidadania e da realização pessoal. Num hospital do Sul, uma equipe de professores, técnicos de serviço social, animadores e voluntários, suavizam os dias de crianças doentes. Num lugarejo perdido no Nordeste, a fé pedagógica faz milagres e produz um ensino que faria inveja a muito colégio (dito) de elite. Junto ao mar de Santa Catarina, crescem as paredes de uma escola sem paredes, que concretizará o sonho de um pequeno grupo de educadores. Em São Paulo, um jardim-de-infância, feito à medida da criança, comove o visitante mais insensível. Na periferia da metrópole, professores e pais juntam-se a amigos e pesquisadores para dar forma a um projeto que transformou "sala de aula" em "espaço de estudo". No Rio de Janeiro, os sonhos de uma escola ganham forma, fazendo das crianças pessoas mais sábias e felizes. Sob o "mar de Minas", uma mulher empenha-se na humanização de uma academia de polícia.

Assim como certas teorias e pedagogos permanecem invisíveis, também são invisíveis certas escolas. Mas estas por uma boa razão: uma visibilidade social precoce volta-se contra esses projetos de mudança. Poderão pensar os mais céticos que se trata de um devaneio. Pois que pensem. O Brasil desconhece aquilo que tem de melhor.

Uma reforma silenciosa, marginal, está acontecendo. Os professores que habitam as escolas invisíveis não recebem reconhecimento público. Por vezes, recebem injustiça, mas dão lições de resiliência. São mal remunerados, mas não usam o baixo salário como álibi. Não auferem de benefícios nem aspiram à celebridade. Fazem milagres com os recursos de que dispõem, que o Brasil não é pobre em recursos humanos, ele desperdiça recursos. Os educadores anônimos que habitam as escolas invisíveis tecem uma rede de fraternidade. Geram esperança, num Brasil condenado a acreditar que, pela educação, há-de chegar a uma cidadania plena.

Quando decidi afastar-me da Escola da Ponte, para permitir que outros a refizessem, não imaginaria ver-me envolvido em novos projetos. Afastei-me, geograficamente, do lugar onde ajudei a concretizar utopias, para não comprometer que outros continuassem a viagem iniciada há mais de três décadas. Porém, no outro lado do mar, esperavam-me novas viagens. E eu não sabia.

Poderá parecer contraditório abordar duras realidades, a denúncia do fatalismo da reprodução escolar e social, quando o foco é a afirmação da concretização de utopias, mas a afirmação da utopia resulta da consciência do errado e da insatisfação. Assim como o romântico que ousa reinventar práticas sociais é um conspirador nato, o idealista que logra concretizar utopias nunca perde o sentido do real.

As utopias são pontes lançadas e percorridas sobre o abismo da impossibilidade. Poderemos, a meio do trajeto, regressar à margem de onde partimos, mas teremos sempre a alternativa de seguir em frente e chegar a outra margem, a caminho de outras pontes e outras margens. Não esqueçamos o que nos diz Hermann Hess:

"Somente as ideias que vivemos têm valor. O proibido não é eterno, e, sim, sujeito a mudanças".

Diante do convite ou da tentação do desconhecido, há sempre quem nunca arrisque um passo. E há quem, arriscando, não chegue nunca onde idealizou chegar. Só chega quem se transcende, e a vida é bem curta para realizar o ideal possível. Porém, se o sentimento de ficar a meio da viagem se apossar de nós, acreditemos que outros irão cuidar do inacabado.

Este livrinho é quase uma "oferta" de formação aprendida junto de educadores éticos, no chão das escolas. Aponta a possibilidades de mudança de rumo, nos descaminhos que a educação vai percorrendo. As palavras que aqui deixo são também um insignificante tributo de gratidão a todos aqueles que, no Brasil, me devolveram a esperança, quando me devolveram ao trabalho direto, em escolas onde discretas transformações acontecem.

Voltemos ao tempo e ao lugar da formação. Pretendo falar-vos de uma formação transformadora, que descrevi num velho livrinho, que tinha por título "Formação e Transformação". De uma formação centrada na escola e não de uma deformação sentada na escola.

Na década de noventa do passado século, círculos de estudos de formação isomórfica despontavam e davam origem a significativas mudanças. Mas, muito antes, em novembro de 1978, era publicado o primeiro número do "Projeto", boletim do Centro de Documentação Pedagógica.

Esse primeiro boletim e os boletins seguintes davam notícia de encontros de tertúlias literárias. Novas modalidades eram ensaiadas – círculos e tertúlias – enquanto a mesmice imperava, pois, os cursos ocupavam quase por completo os cardápios dos centros de formação.

Em meados da década e noventa, o ministério quis saber o que significava a expressão "El Dorado", que constava de um relatório de uma ação formativa. Respondemos que "El Dorado" era o nome de um boteco.

"O que fazia o nome de um boteco num relatório? – questionaram.

Respondemos que tinha sido esse o local de encontro. De imediato, ordenaram que retirássemos esse nome do relatório e que, no seu lugar, escrevêssemos o nome do centro de formação.

Não retiramos. O local da formação tinha sido o "El Dorado". Era lá que, à mistura com um bolinho de bacalhau e um copinho de tinto, os professores se juntavam para partilhar conhecimento. O lugar do convívio formativo era aquele e o chão da escola.

À entrada para o nosso século, a formação já se burocratizara. E, aquela que a administração educacional caucionou, nada mudou. Essa formação foi uma grande mentira construída sobre milhões de euros. Prova disso era o fato de, nos idos de vinte, o ministério lançar projetos de formação, que eram réplicas dos inúteis projetos lançados trinta anos antes.

A formação era uma área de conflito entre a reprodução e a mudança. A procura da objetividade engendrava um quadro preocupante, em que a formação se assumia como um processo marcado pela linearidade, previsibilidade, profunda estruturação e controle. Nela, não havia lugar para pensar sobre o próprio processo de pensamento.

No Instagram dos anos vinte, uma formadora publicitava formação nestes termos:

"Planos de aula prontos para berçário, educação infantil e fundamental I e II."

"Planos de aula para berçário". Quando dei a ler esta "pérola" a um amigo italiano, ele apenas balbuciou: *"Porca miséria! Questo affare è lento."*

Tinha razão esse amigo: a mudança era lenta. Mas outra formação já acontecia. A realidade social vivia da própria produção de realidade, o que Stenhouse descrevia o fenômeno como uma predisposição para examinar a prática com sentido crítico e sistemático.

A formação, que já fazíamos na década de setenta, tinha em conta a história e a ação dos professores, como estruturantes das aprendizagens e das interpretações e utilizações que delas viessem a fazer. Transformava-se num processo de consciência do mundo e de elucidação do significado das relações interpessoais, com a instituição e com o saber. Traduzia-se na não-dissociação do desenvolvimento profissional e do desenvolvimento pessoal.

A sociedade entregue à sua autodecomposição e a crises de aceleração da História, de que era exemplo a guerra na Ucrânia, agonizava em lutos de fim de século, já não possuía um sentido único de mudança. Os círculos de aprendizagem introduziam algo novo. Não havia separação entre formal e informal, e era contemplada a multidimensionalidade do ser, pois, onde não houvesse espaço para a emoção, a formação seria uma monstruosidade.

As fronteiras físicas e psicológicas dos círculos de aprendizagem não eram estanques. Não eram linhas de delimitação, de separação, mas de comunicação. Nessas "interfaces" surgiram os "círculos de vizinhança" feitos de interculturalidade e transculturalidade, produtores de novas culturas, abertas, interrogativas, mais dialéticas do que culturas autossuficientes.

Nos círculos, se manifestava uma autonomia diversa daquela que, então, vigorava. Na contramão de uma regulamentação retrógrada, educadores usavam iniciar emancipatórios processos. Por que não poderiam os professores associar-se livremente? Havia quem se referisse aos círculos como grupos caóticos sem qualquer conteúdo formativo, incapazes de se autoavaliarem. Legalistas tentaram normatizar o "caos". Mas não conseguiram submeter uma utopia realizável e socialmente construída, desde há mais de cinquenta anos.

Assente no princípio do isomorfismo, que nos dizia que o modo como o professor aprendia seria o modo como o professor ensinaria, os encontros de formação em círculo iam além do curso, assentavam em modalidades formativas emancipatórias. E a praxeologia conferia à experiência um estatuto de fonte de conhecimento.

O tempo entre encontros era, também, de formação, porque a mudança, como diria Ardoino, no seu "Propos actuels sur l'éducation", não poderia ser promovida somente de fora, ao nível das superestruturas e dos decretos institucionais, se não fosse, ao mesmo tempo, no interior, pelas vozes daqueles que a concretizam.

A partir daquilo que os professores eram e o que sabiam fazer (valorizando o saber "dar aula"), todos os participantes da formação em núcleo de projeto aprenderam a utilizar dispositivos pedagógicos, exercitaram a metodologia de trabalho de projeto, aprenderam a fazer roteiros de estudo, como fazer avaliação, etc. À semelhança do educando, cada educador (tutor) desenvolvia o seu projeto de reelaboração cultural, em sucessivos roteiros de estudo, que integravam as dimensões curriculares da subjetividade, da comunidade e da consciência planetária.

Paralelamente, haveria lugar à elaboração de roteiros de pesquisa, com objeto inicial igual para todos os grupos. Por exemplo: reconhecimento do bairro, identificação de espaços e pessoas com potencial educativo...

O trabalho dos educadores seria sempre realizado em equipe. Um educador nunca deveria agir sozinho. Se o ser humano manifesta limites, possui, também, potencialidades, que poderão, ou não, ser desenvolvidas, cooperativamente, e expressas a partir de ocorrências transformadoras. Foi no contexto dos processos de uma formação transformadora, que me redescobri herdeiro de uma herança crítica de professor primário a quem a Sociologia, a Psicologia, a História da Educação e outras ciências tocaram, num percurso profissional já meio feito.

Não era a experiência, enquanto tal, que contava, mas as aprendizagens que comportavam uma dimensão teórica e prática. O diálogo entre experiências complementares não consistia numa simples troca de conhecimentos empíricos. Era um exercício rigoroso, onde se jogava a totalidade da pessoa. A utopia fazia apelo a exigências antropológicas fundamentais, expressava o conflito entre concepções de Homem e de sociedade.

Quando, no final da década de noventa, Donald Schön faleceu, a sua teoria não passava disso mesmo: de teoria. Nos idos de vinte, a sua excelente produção teórica continuava apenas a enfeitar teses e a não ser transmutada em práxis. Foi esse o destino de grande parte das propostas teóricas, até há uns dez anos atrás.

A preocupação do Donald consistia no desafio de reconsiderar a formação profissional de forma a não opor o conhecimento técnico a uma mestria. Sempre que algum professor me pedia para falar sobre a obra de um qualquer cientista da educação, eu sugeria que o lessem.

Muito menos falava do conteúdo de livros meus. Se a pessoa sabia ler, então, que fosse ler. Nunca me citava, pedia que me lessem, comentassem e até mesmo me contestassem. Por isso, poupava os meus interlocutores à descrição da proposta, recomendando que dispusessem de um tempinho livre para a leitura

O livro "*The Reflective Practioner*" foi escrito por Schön, em 1983. Donald elaborou uma Epistemologia da Prática, realçando o valor assimétrico do conhecimento científico em detrimento das habilidades práticas. Se quiséssemos ir além dessa leitura, poderíamos passear os olhos pelos trabalhos de Michael Polanyi, que o Donald teve por referência.

Já neste século, o amigo António Nóvoa publicava "*Os professores e sua formação*", no qual também abordava o conceito de "professor prático reflexivo". Citava o Donald como "referência obrigatória" na formação de professores e dissertava sobre os termos por ele criados: "*knowing in action, reflection in action, reflection on reflection in action*".

Infelizmente, as práticas de formação careciam de contemplar o que Schön e Nóvoa propunham, pecavam por um isomorfismo reprodutor de práticas instrucionistas. Mas havia quem se preocupasse com o fenômeno.

Conheci o Miguel quando aceitei o convite para conversar com educadores no Politécnico de Leiria. Ofereceu-me um livro, que "devorei" em dez horas de voo sobre o Atlântico. Eram relatos de práticas investigadas a rigor.

O Miguel também me falou de um lugar-comunidade, que me aguçou a curiosidade e quis conhecer. Aí recomeçou um projeto, que bebeu em Schön, Nóvoa e muitos outros autores contribuições essenciais à criação de comunidade de aprendizagem. A teoria saltou dos arquivos de teses para espaços sociais favoráveis à praxeologia. A universidade subiu ao chão da escola. Donald Schön estava vingado.

ESCOLA DA PONTE - meio século de formação transformadora pela voz de quem a praticou

Professor A:

Por detrás de toda a mudança efetuada na Ponte, há um conjunto de reflexões (teoria) que a sustenta.

No caso da formação, existe uma dissertação com muitas páginas, que não ouso transcrever, mas de que extraí alguns excertos, que poderão ajudar a responder.

Esses excertos têm três defeitos, para além de outros: refletem a realidade portuguesa (bem diferente da brasileira), restringem-se à modalidade de formação que adotamos na Ponte (o círculo de estudo) e estão "datados" (a dissertação foi escrita entre 1991 e 1994). Mas creio que se manterá atual.

O modelo acolhe e valoriza a formação nos contextos mutáveis de trabalho, pauta-se pela flexibilização e pela harmonização com a aprendizagem informal.

Não distancia a formação dos professores das realidades organizacionais em que os indivíduos atuam e reconhece que a ação educativa é apenas uma das componentes, um dos possíveis momentos de um processo de formação de adultos, e que, per si, uma ação educativa não é automaticamente formadora.

Segundo outros modelos, a formação é concebida num espaço isolado dos contextos em que a aprendizagem se desenvolve. Pressupõe que a informação e a formação são dois momentos cumulativamente justapostos numa linearidade simples. Num outro modelo, privilegia-se o fornecimento de informação teórica descontextualizada e prévia, e a formação constitui-se em mais um fator de inibição de autonomia do professor, ao configurá-lo como executante-consumidor de formação.

Aqui, a oposição entre teoria e prática é ultrapassada por uma praxeologia que confere à experiência um estatuto de fonte de conhecimento enquanto objeto de reflexão e de produção dos próprios conhecimentos. Uma das dimensões desse processo é o que Stenhouse descreve como uma disposição para examinar a prática com sentido crítico e sistemático. A formação tem em conta a história e a ação dos professores como estruturantes das aprendizagens, das interpretações e utilizações que delas venham a fazer. Transforma-se num processo de consciência do mundo e de elucidação do significado das relações interpessoais, com a instituição e com o saber, e traduz-se na não-dissociação do desenvolvimento profissional e do desenvolvimento pessoal.

Quando se refere o desenvolvimento pessoal, e se apela ao protagonismo do formando individualmente considerado, não se pretende fazer uma apologia de uma formação "individualizada", no sentido que lhe confere a teoria neoclássica do "capital humano", que se reflete numa simples multiplicação da oferta de formação.

Os programas de formação que sobrevalorizam a racionalidade técnico-instrumental determinam condições e momentos de assunção pelos professores de recursos técnicos pretensamente isentos de ideologia. Esta racionalidade assenta sobre princípios de controle, certeza e eficácia. Fundamenta-se, epistemologicamente, na crença de que o conhecimento parte do concreto e chega ao geral através de abstrações e generalizações.

O conhecimento, considerado como objetivo, contradiz o discurso que faz apelo a valores não-operacionalizáveis pelas abordagens positivistas: autonomia, senso crítico, criatividade, democraticidade. A procura da objetividade engendra um quadro preocupante em que a formação de professores se assume como um processo marcado pela linearidade, previsibilidade e profunda estruturação, controlo e determinação. Não há lugar para pensar sobre o próprio processo de pensamento.

A formação é uma área de conflito entre a reprodução e a mudança. No entrecruzar permanente de intenções e práticas, a resistência que molda a adesão a modelos reprodutores, ou acessibilizam a assunção de uma consciência crítica, poderá ser definida como resultante das interações de racionalidades várias, tantos quantos os atores do processo de formação.

Acontece a mudança na formação sempre que um professor se decifra através de um diálogo entre o eu que age e o eu que se interroga, e reduz o desfasamento entre a imagem que faz de si próprio e a que os outros têm dele.

Professor B:

No nosso país, a formação inicial e a formação não-inicial são de baixa qualidade. Os professores obtêm um diploma, mas não qualificação.

Na Ponte, sempre nos defrontamos com a dificuldade de conseguir que excelentes pessoas se transformassem em excelentes profissionais. Os novos professores da Ponte poderão falar-vos sobre as suas dificuldades de imersão numa cultura diferente, que são as dificuldades que nós (os mais antigos) também tivemos. Mas não desistimos.

Dou-me conta que a carga teórica que cada um carrega para sua prática na sala de aula é muito grande. Que se torna quase impossível expressar em meras palavras a riqueza de significados e percepções. Nem sei se o que desejo é perguntar, ou se apenas desejo afirmar que o que parece mais importante não são as teorias e filosofias em si, mas o uso que fazemos delas em nossa prática, a cada minuto do dia de aprendizagem, a cada sinapse realizada...

A aplicação da teoria ocorre em cada momento, e parece que é isso que é o diferencial na Ponte. É isso que a tantos encanta e apaixona. A permissão de ser e de fazer o momento com base naquilo que se é nesse momento. E, mais importante ainda, que todas as teorias que, ao longo dos anos de experiência tenham sido incorporadas ao comportamento de cada um tenham também permissão para serem vividas por todos, quer agentes educativos, quer aprendizes. E que as que ficaram e se tornaram permanentes são aquelas que servem para aquela situação, naquele momento.

Professora A:

Concordo quando se afirma que a linguagem pode ser limitadora na comunicação. Por vezes, eu também sinto alguma inacessibilidade aos discursos. No entanto, ao longo destes anos passados na Ponte, tive necessidade de me referenciar nos discursos teóricos. A teoria é fundamental para se compreender este projeto, mas o que mais me encanta (ainda hoje eu sinto-me encantada) é a simplicidade densa deste projeto.

Parece uma contradição, mas não é. As ciências da educação ajudaram-me a entender muitos dos conceitos (através de diferentes abordagens) que cruzam este projeto. No entanto, eu precisei crescer muito, sentir angústia, desapontamento, alegria, surpresa... Ou seja: viver por dentro, para percebê-lo.

Quanto à simplicidade das palavras, para falar acerca do projeto e da práxis, estou muito longe de atingi-la. Minha experiência sempre mostrou que a formação dos professores é essencial para que se realize um trabalho consciente e, por isso, continuo investindo nela.

Professora B:

Os desafios são muitos. Não consigo situar-me, enquanto educadora com vários anos de prática, numa racionalidade técnica, que não favoreça o desenvolvimento de uma prática reflexiva.

O que aconteceu na Ponte foi que a existência de um grupo, um coletivo de ação educativa foi decisivo para mudanças significativas do conceito de ensinar e aprender, bem como de formação profissional e pessoal dos professores, autores dessas mesmas mudanças.

Os professores da Ponte fizeram opções de valorização contínua, através da revisão de concepções pedagógicas e de uma investigação fundamentada na prática (ou, melhor, na práxis).

Professor C:

Não é raro encontrar interacionistas só no papel... Mas, também, há educadores coerentes com os princípios e referenciais teóricos que assumem.

Tenho conversado com uma educadora maravilhosa, que está no seu primeiro ano de exercício da profissão. O choque com a realidade é violento. Ela trabalha num "contexto arcaico de educação", tentando, pelo menos na sua sala, humanizar a relação. E entra em conflito com as suas reações, tão humanas e compreensíveis, mas que desconstroem, fazem sofrer.

Para aqueles que estão prestes a entrar no mundo real da educação, como para aqueles que já lá estão, será útil que esta troca de palavras (e de saberes) se mantenha. O modo de resistir à tentação de desistir é resistir com outros.

Professora C:

Penso que a formação de professores constitui um ponto crítico do sistema educativo, não só porque as ideologias, que suportam as diferentes opções educativas, e as que estruturam as decisões tomadas ao nível da formação, são dependentes dos diferentes atores que, a diferentes níveis, nela participam, mas, também, porque a formação, pela sua multiplicação de efeitos no espaço e no tempo, nunca pode ser neutra.

A problemática da formação de professores centra-se na dificuldade em reequacionar o papel, as modalidades e a articulação entre a formação de professores com os lugares onde é suposto que surta efeito: as escolas. A maioria dos professores teve como exemplo na sua formação um grande distanciamento entre a teoria e a prática, o que implica à partida uma grande dificuldade em reelaborar os efeitos da própria formação.

Na verdade, o tipo de formação a que os professores estão sujeitos pouco tem a ver com o nosso projeto (Ponte) e a nossa práxis. Embora, teoricamente, nos diferentes cursos de formação inicial, se faça uma abordagem aos diferentes teóricos e movimentos educacionais, são meras referências, pouco, ou nada visíveis nas práticas pedagógicas.

Se, por um lado, ao longo dos tempos, a formação tem vindo a introduzir novos contornos e novas formas de estar, numa aproximação a conceber processos de formação que contribuam mais para a formação de professores críticos, agentes da sua própria formação, que ajam socialmente com capacidade de se implicarem em processos de mudança (tal como, na Ponte, defendemos na formação dos nossos alunos), por outro, verifica-se que esses princípios apenas ficam no domínio teórico.

Estudante estagiária e visitante da Ponte:

Acreditamos, tal como diz José Pacheco, que a formação essencial é feita aprendendo com quem aprende. E que, em Portugal, ainda há ainda um longo caminho a percorrer. Acreditamos que os formadores venham a admitir que possam existir outras lógicas, que se centram essencialmente na necessidade de que os seus alunos de pedagogia, futuros professores se devem formar em contextos cotidianos das escolas, numa perspectiva de formar professores reflexivos.

Sou estudante de Pedagogia. O corpo docente de meu curso segue as tendências baseadas em Marx e Saviani. A todo o momento meus ideais são confrontados com argumentos que buscam "desmascarar" (segundo eles dizem) uma ação pedagógica voltada para o indivíduo.

Ontem, estive a pensar muito sobre isso, a partir de um texto de Newton Duarte. Transcreverei alguns trechos: "aquilo que o indivíduo aprende por si mesmo é superior, em termos educativos, àquilo que ele aprende por meio da transmissão de outras pessoas; o método de construção do conhecimento é mais importante que o conhecimento já produzido socialmente; a atividade do aluno, para ser verdadeiramente educativa, deve ser impulsionada e dirigida pelos interesses e necessidades da própria criança; a educação deve preparar os indivíduos para acompanharem a sociedade em acelerado processo de mudança"

É comum, na faculdade, quando faço algum comentário sobre "tendências", ou mesmo quando cito a Escola da Ponte, ser questionada: "Mas você concorda com esse "método de ensino"? (o que já denota um desconhecimento da realidade da Ponte).

Enfim, vivo em constante angústia porque tais argumentos são fortes. Discordo deles, mas não consegui encontrar, ainda, fundamentos teóricos para "defender" minhas ideias.

Professor D:

Nas universidades por onde passei, na qualidade de aluno (quando já era professor há muitos anos), para além de bons profissionais, também senti a influência de alguns fósseis da pedagogia, que recusavam qualquer referência desse tipo.

Não "desmascaravam", eram "máscaras". Tinham feito o tirocínio universitário, a par de leituras mal feitas de ideologias fósseis (de esquerda, ou de direita). Depois, sem nunca terem passado por uma sala de aula, ocupavam a sua cadeira na universidade e transmitiam aos seus alunos, através de dinossáuricos métodos, o seu fundamentalismo pedagógico, modelos obsoletos, teoria fossilizada.

Conheci alguns professores universitários, que foram autênticas nulidades enquanto professores do fundamental. E "ensinavam" aos futuros professores o modo de fazer, que eles não foram capazes de... fazer.

Quando eu os confrontava com a realidade da Ponte, uma escola que provava a concretização da utopia, a reação era sempre a mesma: cinismo e desprezo. Nunca conseguiram argumentar, perante os argumentos que lhes apresentava. Ficavam paralisados face ao inesperado da Ponte, que lhes contrariava e atirava por terra todo o seu pretenso saber e abalava as suas convicções.

Os "marxistas ortodoxos" (porque os distingo dos outros, que eu respeito e admiro) e os conservadores de direita eram "desmascarados" perante as evidências da possibilidade de uma escola geradora de emancipação coletiva e... individual.

Eram divertidas as aulas nas quais os confrontava com as evidências da Ponte. E mais divertidas eram, quando eu ensaiava a defesa de outros modos de fazer escola, recorrendo a autores que eles criticavam, mas que... desconheciam. Não tinham lido um livro sequer dos autores que eles consideravam "malditos". A "máscara" desses professores caía e deixava exposta a ignorância e o preconceito.

Esses adeptos de ortodoxíssimos e conservadorismos nutrem um medo inconfessado da liberdade. O exercício da liberdade exige responsabilidade. Sei que, hoje, não se coíbem de denegrir a Ponte e outras escolas e teorias, que eles não conhecem e, por isso, não compreendem, nem amam. Perdoemos-lhes, porque eles sabem o que fazem.

A tensão entre o ser individual e o ser social pode ser gerida de modo a que o indivíduo não seja anulado e a cidadania possa manifestar-se. Só há incompatibilidade entre os dois polos nas cabeças dos adeptos do pensamento único.

É preciso ler Saviani, Gramsci, Althusser e muitos outros, mas com olhos descondicionados. Será preciso ler Makarenko, Freinet, mas também será preciso ler Neill, Ferrer e Tolstoi. É preciso ler Marx, mas também o genro do Marx.

Devo admitir que, num aspecto os fósseis universitários têm razão: o "aprender a aprender" poderá constituir-se em mecanismo de adaptação à sociedade regida pelo capital. O neoliberalismo espreita. E certos conceitos e práticas mal diferidas podem engendrar efeitos opostos à teoria.

Mal interpretado, o "aprender a aprender", não condimentado com o exercício do sentido crítico, pode reforçar a reprodução e impedir a emancipação.

Mantenha-se "intuitiva", seja prudente e não se manifeste demasiado, pois pode sofrer "represálias". Ouse pensar divergente, mas discretamente. Enquanto for necessário, cuide-se! Pense e aja com outros "divergentes", mas...clandestinamente!

Professor E:

Enquanto houver professores apenas preocupados com a sua disciplina, fechado no seu gueto disciplinar, que mudança se poderá intuir? Mas é possível mudar. Na Ponte, também vivemos o mesmo problema. A Ponte não é exemplo. Mas poderá ajudar a encontrar caminhos.

Professor F:

Alguns professores sentem-se "engessados" pela proposta da Ponte, por não a terem entendido, mas buscam o entendimento, permitem que o conflito cognitivo se instale, reequilibram-se e encontram o seu espaço no projeto.

Outros professores sentem-se "engessados" pela proposta, por não a terem entendido, e porque não se dispõem a entendê-la (por maior apoio que lhes seja dado) criticam-na e acabam, quase sempre, indo embora.

A proposta não é infalível. Mas há quem se considere infalível. No primeiro caso, facultamos ajuda aos que precisam de ajuda, aceitamos os novos professores tal qual eles são, damos-lhes todo o tempo de que precisam. Eles são acolhidos e integrados. No segundo caso, tentamos ajudá-los sem limite de tempo. Por vezes, conseguimos que mudem de atitude. Mas, quase sempre, esses professores enveredam por atitudes individualistas, não perguntam e só lamentam, organizam-se em guetos dentro da escola. E não resta outra hipótese: convidá-los a sair da Ponte.

Nem tudo são rosas na Ponte. Os seres humanos são imprevisíveis. E há professores que se viciam de tal modo numa cultura umbiguista e "tradicionalista", que não conseguem reelaborar a sua cultura pessoal e profissional.

Professor G:

Sou sempre adepto da prática do beija-flor. Façamos a nossa parte... e agora! O "conselho" que daria a esses professores seria que não se deixassem ficar sozinhos, isolados, em escolas que são arquipélago de solidões. Há sempre mais alguém não acomodado, nas imediações. Será preciso encontrá-los, organizar a conspiração e manter projetos na clandestinidade, até que se consolidem. Porque o maior aliado do professor que ousa questionar e mudar é o outro professor; e o maior inimigo é... o outro professor.

Depois, perguntar, ser solidário, aceitar, estudar. E perguntar, e ser solidário, e estudar. E perguntar, e...

Já ia esquecendo: e formar redes de colaboração entre professores e escolas, para que aqueles que estão sozinhos, não sintam que estão sozinhos.

Professor H:

Já dizia o Antoine, no 'O Pequeno Príncipe', através da fala da raposa: "A linguagem é fonte de mal-entendidos. Só se vê bem com o coração".

Para falar Educação, é necessário recorrer às metáforas, às aspas e às reticências. Acreditar que o leitor reinterpreta e faz seu o que está nas entrelinhas.

Já fui acusado de exagerar na utilização desses recursos. Dizem os críticos que o meu estilo gera utopia. Eu respondo que o discurso formal nem utopia gera e não passa de ficção (talvez) científica. E aponto-lhes (com a humildade possível) a utopia realizada na Ponte.

Acredito que, em todos os tempos e lugares, haverá redundância teórica estéril e praticismo desastroso. Que haverá utópicos que ousam agir e utópicos que se quedam na inércia. Acredito que, em todo o tempo e lugar onde aconteça aprendizagem, haverá educadores e mercenários. Confio no futuro, porque sei que haverá sempre educadores com "amor maduro".

A motivação confirma o amor e a segurança torna-o maduro. Frases como: "se os professores só derem respostas e não se questionaram", "há também dificuldades de ensinagem", "falo de interrogações radicais" e "os professores tiverem mais interrogações que certezas", me remetem a essa ideia de que o professor precisa se olhar, se rever, precisa pensar que formar o outro é formar a si mesmo, ou seja, discurso e prática como algo articulado, coerente.

Professor I:

Seria suposto que a Universidade fosse a matriz, o exemplo para as escolas e professores. Porém, em Portugal, é na Universidade que encontro os maiores focos de resistência a tudo o que possa ser novo ou diferente.

As instituições tendem para a conservação, mas a maioria dos professores das nossas universidades confunde conservação com "conservadorismo". Depois, é só juntar-lhe o velho aforismo que diz "olha para o que eu digo"...

A formação inicial de professores é a negação da formação.

Os jovens candidatos a professores são formatados em modelos de ensino obsoletos, à imagem e semelhança dos usados pelos mestres que os formatam.

Não se pense que estarei a exagerar. Conheço excelentes professores universitários, aqui e aí, desse lado do mar, que imitam este lado naquilo que não deve imitar. Mas, ainda ontem, tive o infeliz ensejo de participar num debate numa Universidade portuguesa que, supostamente, forma professores. Assisti a cenas inenarráveis. Alunos, que serão professores daqui a dois meses, apresentaram os seus trabalhos finais. A única diferença entre as descrições que fizeram e aquelas a que eu assisti há 30 anos apenas consistia em dois pormenores. Há trinta anos, não havia *data show*. E, também, não havia celulares a tocar durante os debates.

Quem sabe, faz. Quem não sabe, ensina. E quem não sabe ensinar faz formação de professores

Não sou pessimista. Acredito na capacidade e competência de muitos professores universitários que remam contra a maré. Sejamos esperançosos. O que é possível fazer?

Abstrairmo-nos de que existe formação inicial de professores e que os alunos dessa "formatação" são socializados em modos imbecis de fazer escola e só nesse modo. Fomentar o aparecimento de coletivos de professores, que desenvolvam efetivos projetos de mudança, e projetos de formação em equipe, em estreita ligação com professores universitários que não padeçam de pensamento único.

Professora D:

A minha motivação diária, desde que entrei para a Ponte, foi o idealizador do projeto. As suas palavras ecoavam nos meus ouvidos como estímulos para a ação. Contava-nos como o projeto começou, as barreiras que ultrapassou com os restantes colegas e as histórias encantadoras de crianças com quem trabalhou. Dava-nos força para continuar nas adversidades, alertava-nos para os erros cometidos, fraternalmente. Ouvíamos, ouvia-nos com muita atenção.

Mas outros fatores nos motivavam: o afeto entre colegas, os momentos de descontração, num final de dia de trabalho, os convívios com os pais dos alunos.

Ao longo dos anos, foram muitas as transformações na Ponte. E essa pequena equipe (com uma relação quase familiar) cresceu para uma grande equipe, com mais orientadores e com uma relação profissional, também, de muito respeito e frontalidade.

Porém, penso que a afetividade e solidariedade é entendida, hoje, em outro nível. Há momentos que me galvanizam e me dão estímulo para continuar confirmando o quanto eu acredito neste projeto. São os debates de alunos, as assembleias, as intervenções da Comissão de Ajuda, as partilhas em tutoria...

Na Ponte, é tarefa fácil estarmos motivados, porque estabelecemos com as crianças relações muito próximas, autênticas, presenciamos atitudes e posturas de verdadeira cidadania, que nos fazem corar (pois sabemos que os adultos nem sempre são capazes de tal postura) e atuamos em função das necessidades deles e não das nossas. Então, sentimos que estamos verdadeiramente a fazer o papel do educador: ajudar a crescer.

Professor E:

Quem sou eu para dar conselhos em relação a algo tão íntimo e pessoal. Dou a minha experiência pessoal. Ter relações realmente significativas com os alunos (eventualmente, não com todos, mas pelo menos com alguns) ajuda imensamente. Faz com que estejamos mais bem dispostos no dia a dia e que compreendamos (totalmente) como a qualidade do nosso trabalho é importante. Aproveitar os bons momentos e guardá-los num lugar especial da memória.

Há momentos que compensam quase tudo: um abraço dado, na altura certa, um colega a ajudar outro, na altura certa, uma chamada de atenção que um aluno nos faz, a descoberta de algo por parte de um aluno, a observação do crescimento pessoal. Ah! E a certeza do caminho certo (mesmo que se mude muitas vezes de caminho certo). E ter uma equipe coesa e solidária.

Não se pode estar à espera de que tudo seja perfeito, mas tem que se olhar para quem trabalha conosco e sentir que existe um querer comum.

Professor J:

Penso que ninguém está eternamente motivado, nem eternamente autônomo. Quanta vez me apetece ficar no meu canto, sozinho!

No entanto, a Ponte é um projeto coletivo, de que gostamos imensamente e que percebemos que, em parte, nos transcende ou que nos leva à transcendência.

Quando as coisas estão complicadas, a motivação vem, quase exclusivamente, dos nossos alunos. Os alunos são, simultaneamente, uma responsabilidade, um desafio, um estímulo. Se isto estiver sempre na nossa cabeça, arranja-se sempre motivação.

Por outro lado, o fato de sermos uma equipe (com altos e baixos) ajuda imensamente. Se alguém está um pouco mais em baixo, logo um colega/amigo se apercebe e dá uma ajuda. A reflexão contínua em torno dos nossos problemas e em torno da melhoria do trabalho leva a que estejamos (como equipe) sempre atentos.

Acredito piamente que a Escola "emburrece" os alunos dentro dela própria. Na sua vida extraescolar os alunos continuam a aprender muita coisa que passa ao lado da Escola, continuam a ter ideias originais. Na grande maioria dos casos, não tiveram ajuda para encontrar boas vias de encontrar respostas, mas a curiosidade continua lá.

Com os pais, tentamos desenvolver um trabalho de parceria, escutando muito, sugerindo por vezes, mas dentro de um quadro de valores/crenças coerentes com o que cada família é. O respeito é para com os alunos, com os pais, com os colegas, com todos.

Professora E:

Acreditar que existem receitas infalíveis para ensinar e esperar que os outros nos digam o que queremos fazer é um indício de ausência de autonomia e de reflexão. Quando futuros professores cobram um controle do seu trabalho, acredito que a escassez de práticas em contexto os force também a procurar respostas na experiência alheia.

A junção de professores indecisos com alunos que sabem o que querem, pode conduzir a que os primeiros refreiem a vontade e motivação dos últimos e mantenham as suas práticas retrógradas.

Na Escola da Ponte (e em qualquer escola ou contexto), a autonomia nada tem a ver com o comodismo e a estagnação, por isso, cada orientador educativo busca formação mediante a análise das suas necessidades e das necessidades dos alunos. Para além disso, é habitual a participação da escola em palestras sobre questões educacionais, bem como, internamente, a dinamização do que designamos Espaço Professor, ou seja, momentos de reflexão conjunta, conduzidos por um convidado.

Professor K:

Eu tenho uma ideia clara do que pretendo que a Ponte seja. Contudo, tenho consciência de que os processos de transformações pessoais e institucionais são lentos e sujeitos a contradições. A minha atuação é, em grande parte, fruto de "planejamento estratégico", de uma visão filosófica e política da Educação e da Sociedade.

Há aspectos relativos à educação (e são muitos) que fazem parte do que somos como pessoas e que condicionam toda a nossa prática, mas isso é do domínio do individual e só em interação com todos os outros é que ganham sentido e capacidade de transformação.

Esse é o meu "mais além", que precisa ser estruturado nos problemas concretos da Ponte.

Professor L:

Todas as quartas-feiras, à tarde, estão reservadas para nos reunirmos. Numa quarta, é reunião geral (todos os orientadores educativos); na seguinte, é reunião de núcleo e de dimensão.

Sinto que, agora, voltamos a discutir aspectos mais pedagógicos. Durante muito tempo, as reuniões de equipe foram dedicadas a discutir outros aspetos essenciais à escola. As relações com o ministério deram-nos muitas dores de cabeça.

Costuma existir uma convocatória, de forma a que cada um se possa preparar melhor. Nas reuniões de núcleo e dimensão, como se referem, normalmente, a aspectos mais próximos de cada um, a ordem de trabalhos é um pouco mais informal.

Professora F:

A chave para sobreviver às dificuldades, que ainda virão... é a solidariedade.

Foi no grupo que fui buscar a força e a tranquilidade para superar momentos difíceis, que fomos vivendo na Ponte.

É na simplicidade do dia a dia, nos pequenos momentos em que nós precisamos ultrapassar o individual, para um trabalho coletivo, que sentimos os desafios. Apesar de estar há alguns anos na Ponte, sinto que ainda estou a começar, que tenho muito para aprender. A Ponte é um desafio constante à nossa cultura pessoal e profissional.

A partir do momento que pertencemos à Ponte, deixamos de ser aquilo que antes fazíamos: ser professor da/na sua salinha, com a sua turminha. Essas mudanças são demasiado fortes e são sentidas em equipa de diferente modo. O difícil é conseguirmos reconhecermo-nos nos mesmos princípios e objetivos!

Quanto a estratégias, elas passam pela reflexão, pelo debate crítico, pela tomada de decisão coletiva.

Professor M:

A aprendizagem mais significativa e a formação mais necessária acontecem em espaços e tempos informais. Ao contrário de ações de formação planejadas, a informalidade não é passível de planejamento. Acontece. Somente teremos de criar condições para que aconteça, nas escolas e fora delas. A escola é o pior dos lugares para a formação.

O cimento ("concreto") de uma equipe de projeto é o vínculo afetivo. O afeto pressupõe intimidade. Abrir-se ao outro pressupõe estar "seguro de si", ter "amor maduro".

Nem mesmo os mais recentes contributos das ciências da educação lograram sair de um discurso redondo. Em tempo "normal", a informalidade acontece na Ponte. A formação acontece, planejada ou não. "As reuniões semanais, nem sempre reúnem toda a equipe" – quero saber se há alguma discussão teórica nesses encontros, se os professores, assim como os alunos, fazem pesquisas em torno de seu objeto de trabalho: a educação. Caso haja, quais são os temas discutidos? Quem são os autores mais pesquisados?

Sempre que nos deparamos com um determinado problema e tentamos solucioná-lo, a discussão é pedagógica. A única exceção poderá ser quando nos debruçamos sobre aspectos essencialmente administrativos. Mas mesmo estes, muitas vezes, trazem a lume aspectos pedagógicos (a questão das instalações é disso um bom exemplo).

Há questões que aparentemente não são pedagógicas, que são mais funcionais (exemplo: funcionamento prático da Assembleia). Contudo, a resolução destes problemas tem que ter como base tudo o que é o nosso projeto e os seus fundamentos.

Professor N:

Há muitos anos, antes de encontrar a Escola da Ponte, eu senti a solidão em escolas habitadas por dezenas de professores. Acumulei frustração. Cheguei mesmo a pensar em desistir de ser educador. Mas seria como desistir de mim.

É possível encontrar companheiros de jornada, não-acomodados.

Professora G:

Quanta vez me apetece ficar no meu canto, sozinho! No entanto, a Ponte é um projeto coletivo de que gostamos imensamente e que percebemos que, em parte, nos transcende, ou que nos leva a transcendermo-nos.

Quando as coisas estão mais complicadas a motivação vem, quase exclusivamente, dos nossos alunos. Os alunos são, simultaneamente, uma responsabilidade, um desafio, um estímulo.

O gesto humano é imprevisível. E, se for planejado, significará manipulação. Por outro lado, nós temos um conhecimento relativamente sólido de cada um dos alunos e das dinâmicas que existem entre eles. Assim, estamos preparados para as dificuldades que vão surgindo. Em grande parte, é nesse sentido que os dispositivos pedagógicos existem.

Por exemplo, estamos preparados para os momentos em que os alunos têm dúvidas (que são imprevistas), através da entreajuda dentro do grupo e do "Eu preciso de ajuda". Estamos preparados para os momentos em que os alunos sentem a necessidade de serem avaliados, quando precisamos de algum tempo para pensar sobre aquele aluno, em concreto, que fez registro no "Eu já sei". Estamos preparados para os momentos em que existem conflitos entre os diferentes elementos da escola (apesar de não os desejarmos, nem sabermos quando vão ocorrer se é que vão ocorrer), porque os mediamos pelo "O Acho Bem", "Acho Mal", "Comissão de Ajuda", Assembleia. Estamos preparados para os momentos em que os alunos estão menos motivados para o trabalho (que não sabemos se vai acontecer e quando), porque os alunos dispõem do planejamento da quinzena e do dia. Estamos preparados para os momentos em que os alunos apresentam problemas emocionais (que não desejamos, nem sabemos quando irão existir, porque pode acontecer a imediata intervenção do "Tutor" e da "Equipe". Estamos preparados para os momentos em que nós próprios temos dúvidas e precisamos de ajuda – a solidariedade do trabalho em equipe ajuda imenso!

Professor Q:

A ruptura, a ressignificação (reconfiguração, como já tenho ouvido por aqui) tem muito a ver com a pessoa que somos, no que acreditamos que é melhor para nós e que se mistura com o que é melhor para o outro.

Creio que, sendo aquilo que não pode acontecer... acontece em todo lado. Temos que nos formarmos e informarmos, enquanto profissionais e enquanto pessoas, para conseguir vermo-nos a nós mesmos e, só daí, conseguirmos ver o outro. Aí, talvez consigamos dar resposta(s) ao que temos pela nossa frente.

Temos que nos descentrarmos de nós mesmos, para vermos o que se passa à volta, o ser que está à nossa frente, temos que olhá-lo como "Patch Adams" olhou para os dedos daquele amigo, no filme com o mesmo nome, ou seja, desfocar a visão e ver muito mais além.

Temos tentado sempre, dia a dia, fazer este exercício, falar uma só linguagem. Tentamos discutir problemas. Mas porque estão misturados com outros, por vezes, perdemo-nos. Este exercício é muito difícil num grupo de cerca de quarenta pessoas. Mas acredito que chegaremos lá. Cada um tem que fazer a sua parte e acreditar nela. A variedade e rapidez com que as coisas nos são apresentadas, parece-me tornar nossas ideias vulneráveis a cada momento, enfim, vivenciamos no cotidiano uma quebra de valores, mudanças de rota e questionamentos, muitos questionamentos, que, por vezes, nos sentimos incapazes de acompanhar tal velocidade.

Professor R:

Eu tenho mais dúvidas que certezas, mas tentarei ajudar a construir as respostas.

Quando se pergunta qual foi o maior obstáculo que o nosso projeto enfrentou (e enfrenta), respondemos, invariavelmente: o maior obstáculo fomos nós (ou fui eu).

Efetivamente, o professor é a chave de tudo. Dito assim, parece algo redundante, mas é bem certo que o que viabiliza ou impede que um projeto se concretize e progrida é a pessoa do professor e a sua profissionalidade.

Os professores reproduzem uma cultura profissional feita de autossuficiência e ausência de estudo e reflexão. Como romper esse círculo vicioso?

Em primeiro lugar, não confundir a vítima com o culpado. A responsabilidade da situação não cabe, por inteiro, ao professor. Depois, não permitir que a vítima se vitimize: coitado de mim, que não tenho formação, que não tenho recursos, que sou mal pago, que ninguém ajuda.

O tempo e a teimosia (ou a "fé pedagógica"?) fará o resto. As escolas podem ser espaços e tempos de formação de professores. Não de uma formação de racionalidade técnico-instrumental, pois não será esse o caminho para a reelaboração da cultura profissional e efetiva transformação das práticas, mas de formação mutualista e isomórfica.

Professora H:

O mundo não é dual; ainda que as nossas escolhas fossem mais fáceis, se não houvesse zonas cinzentas, certamente também não seriam tão ricas.

Nas provas ou exames finais, nem sempre a melhor classificação traduz aprendizagens significativas, integradoras, ativas. Em Portugal, em especial nos anos de escolaridade que antecedem o acesso ao ensino superior, a preparação dos alunos para as provas cai, frequentemente, em ensino de processos mecânicos e rotineiros, memorização indiscriminada de conteúdos, sem que isso se traduza em verdadeiras aquisições de conhecimento e permita aos nossos alunos estabelecer conexões com outras aprendizagens, utilizarem-nas em contextos diferentes ou, em caso último, sequer recordarem algo consolidado sobre a temática, depois de ultrapassada a memória de curto prazo.

Em suma, pretendia com isto salientar a importância de uma escola de cidadãos, que sejam competentes no seu todo, "mais sábios e mais felizes" É com muita emoção que dirijo este questionamento.

Professor S:

A construção da Ponte foi, e é, um processo que começou com pequenos passos e que demorou imenso tempo a concretizar-se. O começo exigiu muito trabalho e estudo. Lentamente, as mudanças multiplicaram-se, nem sempre como seria ideal ou como o iniciador gostaria. Mas funcionou...

O professor que iniciou o projeto teve o privilégio de encontrar outros professores e com eles aprendeu a resistir e a criar. Sozinho, um professor não vale mesmo nada. Todo e qualquer projeto é fruto de uma equipe, não obra de um "iluminado". Acaso insista em realizar o sonho em que acredita, também poderá chegar a ser uma referência para outros. É uma questão de estudo, de tempo e de solidariedade.

Compreendemos muito bem os desgostos e desânimos entre os educadores. Nós sentimos vontade de abandonar o projeto, em tempos de profundo sofrimento e incerteza. Confessamos a nossa fraqueza. Mas, felizmente, nunca cedemos à vontade de desistir.

Trabalhar com crianças e jovens rejeitados é uma dura tarefa. Muitas vezes, escutamos desabafos de quem os tentava resgatar: "eles são uns ingratos". A autoestima desses alunos estava de rastos. As experiências que haviam vivido marcaram-nos de tal modo, que a reciclagem dos afetos se tornava quase uma missão impossível.

Na Ponte, o momento não é fácil. Existe muita fragilidade. Creio mesmo que ultrapassamos o número crítico no acolhimento de alunos vindos expulsos e maltratados de outras escolas. E que já não estaremos conseguindo dar resposta satisfatória a todos. Existe um sentimento de impotência, que desgasta. Espero que possamos sair, em breve, desta situação. A Ponte não é diferente de outras escolas. Depara com os mesmos problemas de outras escolas. A Ponte procura soluções.

QUEM SABE FAZ A HORA...

A construção de políticas e práticas educativas, por referência a um território singular (contextualizadas), supõe um questionamento crítico e uma superação da forma escolar e da sua tendencial extraterritorialidade, de modo a que a aprendizagem não seja encarada, quase exclusivamente, num registro didático e técnico.

Assim sendo, pensar em "território educativo" é pensar em uma ação educativa intimamente relacionada ao contexto social no qual a escola se insere. E a prática de educação integral é bem mais do que a ampliação da jornada escolar.

Poderemos refletir e agir na educação numa visão alinhada com uma nova forma de fazer planejamento de cidades com foco na sustentabilidade em que sejam integrados os temas Educação, Ciência, Tecnologia e Inovação, Cultura, Esporte e Lazer, Saúde, Mobilidade Urbana, Segurança Pública, Meio Ambiente; Desenvolvimento Social; Planejamento Urbano e Regional; Agricultura, Pecuária e Pesca; Desenvolvimento Econômico, Trabalho e Renda; Orçamento, Planejamento, Fazenda e Administração, na construção integrada e articulada de um sistema que dê suporte a atividades de planejamento e gestão.

É evidente que a educação é transversal a todos esses temas estratégicos e, por isso, assume um papel relevante. Mas, como pensar uma cidade sustentável e uma gestão pública moderna e compatível com os desafios de transformação necessária a uma nova forma de relação do cidadão com o seu habitat? Como compatibilizar a necessidade de mudança com o aprender a ser e fazer diferente?

A resposta é: *"uma nova educação para uma nova cidade"*. Pensar educação de qualidade pressupõe integrar múltiplas dimensões da atividade humana e rever o modo como o subsistema de educação propicia ao jovem sua expressão criativa e seu protagonismo na vida social e econômica. Nesse sentido, a integração de atores estratégicos, direta ou indiretamente, participantes do projeto, viabilizará o esforço dos educadores na co-criação de uma rede de suporte de mudanças das práticas educativas e sua posterior difusão, promovendo: uma efetiva participação da comunidade escolar no desenvolvimento dos projetos das escolas; efetuando uma revisão participada dos projetos político-pedagógicos e dos regimentos internos das escolas, no respeito pela especificidade de cada escola e cultura local; a prática de uma efetiva autonomia associada a uma avaliação das escolas, baseada em critérios de natureza científica e pedagógica.

As famílias, e toda a sociedade, devem fazer sua parte. Porém, as políticas educacionais devem ter por referência evidências científicas e macrotendências globais. Enquanto, para alguns, utopia é um ideal inatingível; para outros, trata- se de uma meta a ser concretizada, de um sonho perfeitamente realizável.

A superação do paradigma escolar vigente é uma utopia necessária, a qual, há mais de cem anos, muitos educadores estão se dedicando com afinco. Sonhamos efetivar práticas educativas autônomas, sustentáveis, favoráveis a formação de seres humanos integrados à vida, criativos, solidários e felizes. Existe a demanda de transformação da educação e de ultrapassar o âmbito restrito da educação escolar, agindo em múltiplos espaços sociais, políticos e culturais.

Na década de 1960, Lauro de Oliveira Lima escrevia: a expressão "escola de comunidade" procura significar o desenquistamento isolacionista da escola tradicional. Escola, no futuro, será um centro comunitário propulsor das equilibrações sincrônicas e diacrônicas do grupo social a que serve. Não só a escola utilizará como instrumento "escolar" o equipamento coletivo, como a comunidade utilizará o local da escola como centro de atividade.

Num primeiro rascunho do primeiro livro publicado sobre comunidades de aprendizagem, o mesmo autor afirmava ser necessário educar através de clubes (...) misturar adultos e adolescentes (...) usar a capacidade ociosa da escola (...) equipamentos coletivos (...) escolinha de arte (...) treinar os membros da comunidade para serem professores (...) criação de coletiva (...) levar a comunidade a colocar em comum seus pertences (...) universidade popular (...) verificar os tipos de atividades existentes na comunidade (...) escola de comunidade.

A cidade pode constituir-se espaço educador que possibilita o encontro dos sujeitos históricos, no diálogo entre escolas e outras políticas públicas, criando espaços, tempos e oportunidades educacionais. A formação dos indivíduos não se restringe ao espaço físico escolar; é uma proposta que integra a vida comunitária, e que vai ao encontro dos ideais de Darcy Ribeiro, na observância do pensamento de Anísio Teixeira. Ideias visionárias e bastante pertinentes quanto a:

Fazer escolas nas proximidades das áreas residenciais, para que as crianças não precisassem andar muito para alcançá-las, atividades na biblioteca, na piscina, nas quadras de desporto;

Reorganizando os tempos escolares e inserindo, por meio de práticas fundamentadas pela Pedagogia Histórico-Crítica;

Mais, acrescenta que, na definição dos espaços e tempos de aprendizagens, com vistas a garantir o princípio da integralidade, o território não se limita ao espaço geográfico, mas a abrangência dos efeitos sociais e políticos em que o indivíduo esteja inserido;

O estudante não é só da escola, e sim da rede, da Cidade;

O aumento do tempo de estudo deve vir acompanhado da ampliação do acesso dos estudantes aos espaços múltiplos para apropriação da cidade e de seus saberes.

Não se trata de deslocar a atividade escolar para outros espaços, escolarizando ainda mais a família e a sociedade, mas de desenvolver a percepção dos territórios como elementos educadores, por meio dos quais se aprende participando de transformações pessoais e sociais.

Por que não considerar as escolas como espaços públicos, nodos de redes comunitárias, devolvendo as escolas às comunidades, prestando uma maior atenção à intervenção no pré-natal e nos cuidados até aos quatro anos de idade, na partilha da responsabilidade de educar, nomeadamente na interação com a área da saúde?

Ao longo dos últimos cinquenta anos, as medidas de política educacional não lograram alcançar *a "melhoria da qualidade do ensino"*. A promoção da *gestão democrática* não passou da intenção. O poder público não tem cumprido as suas propostas educacionais, e as escolas não cumprem os seus projetos político-pedagógicos.

Na maioria das escolas, o projeto educativo não passa do papel para as práticas, com o corolário da reprodução de práticas excludentes. No Brasil, os índices de analfabetismo literal e funcional permanecem elevados, sendo o nível de proficiência em Português e Matemática (percentual de alunos de 9º ano com plenas condições de compreender e se expressar) inferior a 10%. Secretarias de educação se resignam com um insignificante IDEB de 5, ou 6 (numa escala de 0 a 10). Outras, há que se comprazem com um IDEB de 7, ou 8, quando esse IDEB revela que significativa parcela dos alunos não aprende.

Cremos ser possível alterar este quadro. Daí a presente proposta de assessoria. Muitos núcleos de projeto de comunidade de aprendizagem foram criados, nos últimos quatro anos. Uma rede de núcleos de projeto será criada.

As aprendizagens realizadas em redes de comunidades de aprendizagem – no contexto da educação escolar, familiar, ou social – poderão obstar à falência das reformas, que não visaram alterar a definição de espaços e tempos de aprendizagem.

Entre a escola, o bairro, a habitação, o clube desportivo, a associação cultural e recreativa, o local de trabalho ou de lazer, há que estabelecer uma corrente de interação humana capaz de dar sentido ao quotidiano das pessoas e, assim, influenciar positivamente as suas trajetórias de vida.

Estaremos, então, a contribuir para a criação de espaços que, pela sua densidade antropológica, podem servir para ajudar a despertar a vocação humana para a transcendência e, nessa medida, funcionar como verdadeiros laboratórios de laços sociais onde a vinculação ética ao outro tenha a marca da solicitude mútua, do respeito e da sensibilidade.

Potenciado em práticas de autêntica relação social, o reconhecimento intersubjetivo surge-nos como condição de convivência, de paz e de solidariedade, valores reclamados pelo mundo contemporâneo. Para atingir tais fins, se apresenta como necessário conceber novas construções sociais de aprendizagem – comunidades de aprendizagem – a partir de escolas dotadas de termo de autonomia pedagógica, administrativa e financeira.

Elementos fundamentais para uma estratégia de mudança:

1) A progressiva construção de um novo paradigma educacional, que garanta a todos os brasileiros o pleno acesso a uma educação integral;

2) A reelaboração da cultura pessoal e profissional dos professores;

3) A concepção e desenvolvimento de novas construções sociais de aprendizagem.

O direito à educação está consagrado na Constituição. E está inscrito na Lei de Bases que a educação é um direito de todos. Porém, o modo como o sistema educativo funciona nega esse direito a muitos seres humanos. Se o modo como os professores ensinam não logra a TODOS educar, os professores terão o direito de continuar a trabalhar desse modo?

Urge assumir um compromisso ético com a educação.

No quadro do projeto Brasília 2060 - Desenvolvimento de Pesquisa para Criação de um Sistema de Informações para Gestão Estratégica e Sustentabilidade de Cidades – no ano de 2014, foi realizado um levantamento de indicadores de boa qualidade da educação.

O relatório desse projeto integra uma descrição das diretrizes e respectivos indicadores de qualidade de educação, bem como a descrição de atividades a serem realizadas, com vista à testagem e confirmação de indicadores, acompanhada de uma proposta de cronograma. A proposta de continuidade e validação de dados obtidos na busca de indicadores de qualidade da educação tem por referência uma revisão do conceito "educação de qualidade".

Por meio de entrevistas direcionadas a diretores, coordenadores e professores, com suporte de questionário estruturado, foi realizado o diagnóstico dos indicadores educacionais propostos para a educação básica (média de aluno/turma, média de horas-aula diárias, taxa de distorção, taxa de não resposta - TNR, índice de escolaridade, índice de evasão escolar, índice de analfabetismo, percentual de taxa de rendimento escolar - aprovação e evasão - e no desempenho dos alunos, percentual de docentes com curso superior), e, identificado o modo como a dinâmica do espaço construído, os recursos humanos, a proposta pedagógica e gestão contribuem para uma educação de boa qualidade.

As conclusões são idênticas às de relatórios de outros projetos de pesquisa realizados no Brasil e em Portugal. A estrutura física das escolas foi considerada pelos entrevistados como inadequada, em termos de dimensionamento, conforto térmico e iluminação. O projeto arquitetônico não contribui para uma boa aprendizagem, agravado pelo desconforto e inadequação dos espaços. Mesmo tendo o ambiente natural como "vizinho", as escolas não tiram partido deste potencial, ficando restrita a aprendizagem em ambientes confinados. Ações voltadas para a qualidade ambiental, como a coleta seletiva, são realizadas parcialmente. Esta ação não se integra de forma efetiva ao Sistema de Limpeza Urbana. E o uso racional da água restringe-se a uma incipiente conscientização, não considerando a necessidade, por exemplo, da coleta de água de chuva ou seu reuso.

Evidenciou-se a impossibilidade de se promover a educação integral nas unidades foco da pesquisa, sendo referida a dificuldade do professor na relação interpessoal e a falta de uma formação adequada para lidar com conflitos.

A pesquisa constatou que o conceito de comunidade é diverso, assim como a capacidade da escola de estabelecer ações efetivas com o seu entorno. Para os entrevistados, o fato de a escola acolher alunos de realidades territoriais distintas, não próximas da escola, dificulta o sentido de pertencimento dos alunos ao contexto territorial e impossibilita a interação da escola com a comunidade de origem dos alunos.

Relativamente à avaliação, não ficaram claros os processos utilizados e resultados que subsidiem a melhoria da qualidade da prática pedagógica.

Uma das escolas está em processo de reformulação do seu projeto, não tendo apresentado registro dos seus valores, princípios e objetivos norteadores. As demais escolas têm, em síntese, como valores: autonomia, responsabilidade, justiça, fraternidade, liberdade, solidariedade, respeito, reciprocidade, ética, paz e autoestima (não verificada correspondência na prática).

Fica evidente que a falta de autonomia científica, financeira e administrativa, bem como a prevalência de procedimentos burocráticos consomem tempo em demasia dos gestores, coordenadores e diretores, sendo um limitador do bom desempenho pedagógico. Além disto, evidencia-se a pouca participação da família no processo de gestão.

Sendo questionados sobre a possibilidade de obtenção de "Termo de Autonomia", os entrevistados demonstraram total desconhecimento do teor do artigo 15º da Lei de Bases, e sobre a possibilidade de celebração do Termo e seus benefícios.

Questionados sobre o custo aluno-ano da escola, verificamos inconsistência nas informações, por falta de dados.

Relativamente ao quadro de professores, foi questionado se o perfil profissional se alinha com o projeto da escola. Apesar de todos os contratos referirem o cumprimento de 40 horas de trabalho, o que configuraria dedicação exclusiva, em raros casos isto acontece.

Com relação a avaliação do desempenho profissional, foi relatada a obrigatoriedade para os professores substitutos e os concursados no período do estágio probatório. Não existe, no entanto, uma sistemática de avaliação do profissional fora deste contexto, ficando a cargo da escola a definição da forma de realizá-la, bem como a periodicidade.

Ao abordarmos a questão salarial, verificamos insatisfação, sendo considerado injusto o salário, em função da qualificação superior, responsabilidade e risco.

A relação entre escola e comunidade, no que tange a participação da escola na transformação social e no desenvolvimento local, mostrou-se precária, carecendo de melhor desenvolvimento, uma vez que o sentido de comunidade é difuso por parte das escolas. A grande distância entre a moradia dos alunos e a escola é considerada dificultador de relacionamento. O relacionamento entre escola e os pais dos alunos é concretizado através de encontros bimestrais, podendo haver outros momentos em função da necessidade. A participação dos pais acontece, quase exclusivamente, nas escassas reuniões formais dos conselhos de pais e mestres.

Assistimos à perpetuação de uma gestão centralizada do sistema, impedindo que as escolas assumam a dignidade da autonomia e se constituam em elementos orgânicos de comunidades de aprendizagem. Temos escolas burocratizadas, democraticamente diminuídas, que tratam os alunos de modo uniforme, sem atender às necessidades individuais e à especificidade dos contextos sociais onde estão inseridas.

Urge rever o modelo de gestão das escolas, passando de uma tradição hierárquica e burocrática para decisões colegiadas, colaborativas, com a direção entregue à comunidade, em conformidade com o inciso VI do artigo 206 da Constituição Federal. Também, será pertinente questionar o desperdício de recursos resultante da sobreposição de sistemas (municipal, estadual, federal e privado), questionar nomeações de políticos para cargos técnicos que deverão ser ocupados por pedagogos e por concurso. E, também será pertinente questionar que quem não tem formação pedagógica ocupe cargos em secretarias de educação, ou em outros níveis de gestão educacional.

Na formulação de política educativa, os critérios de natureza administrativa, ou burocrática, nunca deverão sobrepor-se a critérios de natureza pedagógica. Nem se deverá confundir desconcentração com descentralização de poderes. As escolas deverão assumir práticas de gestão colegial, em substituição de órgãos unipessoais e hierárquicos/burocráticos. Considerando um currículo de comunidade, estabelecer um Conselho de Direção, em cuja constituição a maioria dos membros sejam pessoas da comunidade onde a escola está inserida.

As escolas mantêm-se coniventes com o estímulo da competitividade, enquanto reificam o virtual, mitigando os prejuízos causados pela manutenção de práticas de "escola tradicional". As práticas observadas nas escolas do Distrito Federal não diferem daquelas que prevalecem em outras escolas. A racionalidade que lhes subjaz– herança cultural legada no século XIX – conduziram a educação básica a uma situação insustentável.

O QUE FAZER?

Talvez devêssemos começar por analisar “indicadores de qualidade”.

No Brasil, o IDEB mantém-se num nível muito baixo. É um dado preocupante, dado que a um maior investimento (o Distrito Federal pratica os melhores salários de professores) não corresponde um significativo aumento desse índice, mantendo-se mais baixo do que a média nacional.

A Lei de Bases diz-nos que a educação é “dever da família e do Estado, inspirada nos princípios de liberdade e nos ideais de solidariedade humana, tem por finalidade o pleno desenvolvimento do educando, seu preparo para o exercício da cidadania e sua qualificação para o trabalho”.

O Brasil conta mais de 20 milhões de analfabetos funcionais, e quase metade dos estudantes não completando o ensino fundamental e o médio, além de a prova ABC apontar para o fato de 43,9% dos estudantes, sobretudo do Norte e Nordeste, deixarem o ciclo de alfabetização sem saber ler, que mais de um milhão de jovens estão presos no ensino fundamental e que a evasão escolar já ultrapassa os 3 milhões de jovens.

O Censo de 2011 revela, ainda, uma preocupação com os alunos que não estão “nos anos corretos” de acordo com a faixa etária. No contraponto dessa situação, a que os articulistas chamam de “tragédia”, defende-se a hipótese de que as escolas com maior nota no ENEM são as que priorizam a “disciplina e o ensino forte”, além de estudarem o candidato à matrícula (e aplicarem “provinha”), antes de decidirem se o aceitam, em uma insana tentativa de reproduzir o que Paulo Freire chamou de “educação bancária”, fazendo com que os alunos sejam obrigados a reter um número infindável de conteúdo sem nenhum significado para suas vidas.

Se os resultados não correspondem à proposta da lei vigente, é porque o sistema escolar está pautado em um modelo ultrapassado. Não basta mudar as leis, por melhores que sejam. Somente conseguiremos melhorar a educação dos nossos jovens quando mudarmos as práticas e quebrarmos paradigmas.

Urge rever o tipo de gestão das escolas, passar de uma tradição hierárquica e burocrática para decisões colegiadas, envolvendo a participação da comunidade, dos familiares, dos alunos e dos profissionais. E será necessário, também, que algo idêntico aconteça na gestão da rede de acesso à informação.

As medidas de política educativa sofrem o efeito da descontinuidade, da definição de metas de curto prazo e projetos abandonados, a cada mudança de partido no poder, sem que uma avaliação dos efeitos seja concretizada.

Que as políticas públicas sejam amplamente discutidas, antes de serem implantadas, garantindo na discussão a ouvidoria dos professores, de alunos, de pais e de toda comunidade, assegurando uma real autonomia na gestão administrativa, pedagógica e financeira da instituição escolar, de maneira a atender as necessidades específicas da comunidade local e de cada estudante em sua singularidade, cumprindo efetivamente os desideratos da Lei de Bases.

Para adaptar a educação à realidade das crianças, das famílias e da sociedade em geral, torna-se necessária uma dinâmica mais ágil no avanço das políticas públicas. Elas devem passar a ser definidas não apenas no centro do sistema, mas também das bases para o topo, fazendo jus ao dia a dia específico das pessoas nelas envolvidas.

O que tem produzido o modelo de ensinagem predominante?

Baixo rendimento escolar, indisciplina, significativa evasão escolar, e mais de 50 bilhões desperdiçados anualmente por um sistema afetado pela crise da escola da modernidade.

A reprodução do modelo dessa escola, universalmente conhecida, é tão aceita pela sociedade, que raramente desperta qualquer possibilidade de pensá-la diferente. Estruturada há mais de duzentos anos, o modelo se reproduz de forma tão natural, que parece perpetuar-se. Sua estrutura e funcionamento remontam a Revolução Industrial e atendem às características fabris – bancadas individuais de trabalho, sinais sonoros marcando os tempos de trabalho, fragmentação do objeto a ser fabricado – e a necessidades sociais do século XIX.

Essa fragmentação se materializa no currículo. Organizado em disciplinas/matérias, o conhecimento foi recortado tornando quase impossível a compreensão das relações entre as partes. O conhecimento dividido é trabalhado ao longo do ano letivo e, por etapas: série, ano, bimestre, semestre... sem que haja fundamentação científica para tal.

A *normose* instalou-se porque todo hábito, uma vez adquirido, afunda no subconsciente, transmitido pela educação. Talvez, por isso, a crença nas virtudes da velha escola mantenha os professores na ilusão de uma possível melhoria de um modelo em decomposição. Se a família terceiriza a educação dos seus filhos e a escola não ensina, uma sociedade doente considera normal que assim seja. No decorrer da pesquisa, e mesmo independente dela, a melhoria da educação é uma reivindicação de educadores conscientes, evidenciando a urgência da reconfiguração das práticas escolares. Como fazer das escolas instrumentos de concretização dos objetivos do milénio, *lócus* de desenvolvimento sustentável?

A pesquisa elencou um esboço de potenciais diretrizes para construção de política pública, que, por meio de diálogos participativos com a comunidade escolar e secretaria de educação, apresentam um ponto de partida para a mudança do *status quo*. Cada diretriz possui indicadores sujeitos a um período de validação, por avaliação dicotômica (presença, ou ausência de evidências).

DIRETRIZ 1 – Coerência entre projeto escrito e a prática.

Em consonância com os princípios consagrados na Lei e porque o projeto da escola reflete valores típicos de determinada concepção de mundo e de pessoa, a práxis formativa deve assentar numa reconfiguração das práticas escolares, na erradicação de segmentações cartesianas, no recurso ao trabalho em equipe, numa proposta de práxis coerente. E, tanto quanto for possível, a fundamentação teórica dos projetos deverá traduzir a utilização de contributos do rico patrimônio herdado dos cientistas da educação brasileiros, evitando a importação de "modas pedagógicas" provindas do estrangeiro.

DIRETRIZ 2 – *Design* de novas construções sociais

Dispomos de produção científica e de práticas que provam a possibilidade de uma escola que a todos acolha e dê a cada um as condições de realização pessoal e social.

Para que esse desiderato possa ser atingido, o modelo educacional, desde há décadas hegemônico, deverá ser gradualmente substituído. O objetivo maior do sistema educativo deverá ser o de uma indispensável mudança paradigmática. Para que os atuais paradigmas educacionais possam ser superados, será necessário estabelecer novas concepções, formas alternativas de pensar, estruturar e praticar a educação.

As escolas deixaram de ser o único referencial de aquisição de informação e saberes. Poderão recuperar o seu estatuto, se souberem integrar-se em comunidades de aprendizagem, "divisões celulares da macroestrutura em microestruturas federalizadas num conjunto maior, mais complexas, que facilitam o encontro entre pessoas, espaços-tempos de preservação da unidade da pessoa, em lugar de dividir a pessoa para assegurar a unidade da sociedade". É Lauro de Oliveira quem nos diz que a escola, como se apresenta atualmente, é uma antítese da vida. Deve ser repensada, abdicando do seu papel predominantemente informativo. *"Escola, no futuro, será um centro comunitário. Não se reduzirá a um lugar fixo murado."*

Façamos jus às palavras do saudoso mestre. Consideremos as escolas como espaços públicos, nodos de redes comunitárias, devolvendo as escolas às comunidades, na partilha da responsabilidade de educar. Que sejam criados protótipos de comunidades de aprendizagem (físicas e/ou virtuais), que a todos garanta oportunidades educacionais e de realização pessoal.

As palavras-chave de uma boa educação contemporânea são: comunidade e rede. Poderão constituir indícios de boa educação na educação infantil a participação de avós e vizinhos aposentados no cuidar da primeira infância, dado que é precisa uma tribo para educar uma criança e porque os primeiros mil dias de vida de um ser humano são decisivos na construção da sua personalidade. E uma atitude de a preocupação com a educação pré-natal.

Não faz sentido que jovens do século XXI sejam ensinados por adultos do século XX com recurso a um modelo epistemológico do século XIX. Poderemos antever a prática de uma educação que integre as dimensões escolar, familiar e social, no pressuposto de que a educação de uma criança começa vinte anos antes dele nascer. Uma educação que contemple necessidades sociais contemporâneas e a participação ativa de agentes educativos locais, dentro e fora do edifício-escola, que contribua a coesão social e um desenvolvimento local sustentável. Será indício de boa qualidade na educação a existência de mapeamento dos lugares e pessoas com potencial educativo, ou das tecnologias sociais emergentes na comunidade, por exemplo.

Uma política educacional baseada na introdução de projetos avulsos (bonificação de professor, redução do número de alunos por turma, um computador por aluno, mais tempo de permanência do aluno na escola...) não logra melhorar as aprendizagens. Todas as tentativas de reforma, que não visaram alterar a definição de espaços e tempos de aprendizagem, quedaram- se pelo insucesso. Urge, por isso, repensar tempos e espaços de aprendizagem. O que se aprende dentro do edifício-escola que não possa ser aprendido fora dele?

Um dos maiores entraves à mudança e à melhoria da educação é o padrão de relações humanas instituído e que a escola reproduz. Os problemas sociais somente terão condições de resolução no contexto da sociedade, não apenas através da escola. Daí a importância do reconhecimento dos saberes não-formais, desde a cultura juvenil urbana até à transformação do mundo rural, da formação diferenciada de todos os grupos etários, catalizadora das energias endógenas de cada comunidade, promovendo a democratização da informação, o debate sobre escolhas, a partilha de projetos, a sistematização de boas práticas de articulação entre escolas e comunidades, esbatendo o interface que as separa.

DIRETRIZ 3 – Utilização racional das TIC.

A Internet é generosa na oferta de informação sob a forma de vídeos, ou de outros recursos. Basta *clicar* para repetir, até que a matéria seja compreendida. Tudo aquilo que um professor pode "ensinar" numa aula está plasmado, de modo mais atraente, na tela de um computador. Mas os professores do "futuro" irão replicar aulas congeladas no YouTube e em *tablets,* apenas substituindo o quadro-negro pela lousa digital, ou irão usar o digital ao serviço da humanização da escola? Poderemos falar de uma Educação 3.0, se as escolas continuarem cativas de um modelo de Educação 1.0, no qual os alunos não cooperam, ficando dependentes de vínculos afetivos precários, estabelecidos com identidades virtuais?

Reflitamos sobre competências-chaves do século XXI: interagir em grupos heterogêneos da sociedade, agir com autonomia, usar ferramentas interativamente. A utilização das novas tecnologias de informação e comunicação não poderá prescindir de contributos teóricos como os de:"distância transacional", "presença social e cognitiva", "EaD pós-industrial", "inteligência coletiva", "aprendizagem colaborativa", "estilos de aprendizagem", entre outros.

No processo de introdução das novas tecnologias na educação, a vertigem do fazer não deverá agir em detrimento do conhecimento teórico, nem valorizar, exclusivamente, o ensino, manter sistemas de ensino padronizados. Todos devem ter a possibilidade de dominar as tecnologias de informação como forma de expressão e acesso à construção de conhecimento, usufruindo do acesso às plataformas digitais de aprendizagem numa aprendizagem em rede, a par da criação de bibliotecas comunitárias. Para tal, não basta dotar cada estudante de um laptop, porque algumas pesquisas, apesar de não totalmente conclusivas, dizem-nos que essa medida pouco, ou mesmo nada, altera o rendimento acadêmico.

É necessário pensar sobre como as tecnologias da informação influenciam o conhecimento e o conhecer. Poderá constituir indicador de boa qualidade da educação o uso das novas tecnologias ao serviço da humanização da escola, promovendo a partilha de conhecimento, a excelência acadêmica e a inclusão social.

DIRETRIZ 4 – Prática efetiva de inclusão escolar e social.

No capítulo do atendimento aos chamados "alunos com necessidades educativas especiais", apenas o léxico mudou. Talvez, por essa razão, a "educação de adultos" acontece como inevitável sucedâneo de um obsoleto modelo de ensino, com ênfase num frontal anônimo. Talvez por isso, as classes de apoio, de recuperação, de reforço, instituam-se como aberrações decorrentes do modelo de escola ainda predominante. A escola que, majoritariamente, ainda temos, constitui-se um obstáculo ao desenvolvimento humano. Mas poderão constituir-se em *locus* de humanização e oportunidade de inclusão.

É inadmissível que escolas consideradas "de excelência" recusem matrícula de alunos considerados "com pouco potencial", ou mesmo alunos ditos com "necessidades educativas especais", promovendo sutis formas de darwinismo social. Alguns segmentos do sistema educativo parecem vocacionados para uma educação que caminhe no sentido da mercantilização dos saberes adaptados ao sucesso em provas de exame, a par de "escolas de segunda", remetidas às funções mais tradicionais de aprendizagem de saberes elementares, guardadoras e reguladoras das crianças e jovens, que simplesmente aguardam a entrada num mercado de trabalho desqualificado.

A efetiva prática de inclusão poderá lograr, mitigar, o agravamento dos fatores de exclusão das crianças e dos jovens oriundos de segmentos sociais mais desfavorecidos e a perpetuação dos círculos de exclusão.

DIRETRIZ 5 – Prática de uma avaliação "alinhada" com a aprendizagem.

Acusou-se o sistema de ciclos de formar analfabetos, esquecendo que estados com maior taxa de repetência, não adotam o sistema de ciclos. Critica-se a progressão continuada, e ela nunca foi posta em prática, tendo sido confundida com aprovação automática.

Para uma boa educação, um bom modelo de avaliação. Que alinhe a avaliação com a aprendizagem e substitua a aprovação automática pela "progressão continuada". Um modelo que dispense a necessidade de "apoio e recuperação" e introduza a prática de uma avaliação formativa, contínua e sistemática, capaz de permitir que o aprendizado caminhe junto com o desenvolvimento do pensar, com a formação do caráter e o exercício da cidadania.

Dever-se-á deter o agravamento da função seletiva da escola, a introdução de mais provas, "provinhas" e exames, que negam à avaliação o seu carácter formativo, para a transformar num processo mecânico. Igualmente, se recomenda que se iniba no ambiente educativo as olimpíadas intelectuais que, motivadoras do egoísmo, da vaidade e do espírito competitivo, afastam os estudantes dos ideais de solidariedade previstos na Lei de Bases. Dever-se-á proporcionar ambiente educativo motivador que estimule cada estudante, não a superar os outros, mas a superar-se a si mesmo.

A melhoria da avaliação pedagógica deverá ser acompanhada de uma urgente reorganização curricular – a revisão dos "conteúdos a aprender" – bem como da avaliação de desempenho dos professores.

DIRETRIZ 6 – Garantia de acesso e sucesso em educação integral.

A *educação integral* é vista aqui como aquela que considera as diversas dimensões da experiência humana: sensorial, cognitiva, emocional, moral, ética, política, cultural, estética, artística... E um projeto educacional é um projeto de sociedade.

Carecemos de projetos que concretizem a Lei, erradicando o modelo escolar herdado do iluminismo e que se mantém tributário de necessidades sociais do século XIX. É preciso desenvolver práticas educacionais que a todos permitam tudo aprender e ser feliz, porque admitir que uma parcela dos jovens escolarizados possa não aprender, que possam ser reprovados, é criminoso.

A educação deve contemplar a humanidade dos educadores e educandos em sua totalidade, sendo coerente com a indivisibilidade das dimensões biológica, mental e espiritual de cada pessoa. Assim como cada ser humano possui diferentes limites, possui também diversas potencialidades que poderão, ou não, ser desenvolvidas e expressas a partir das formações e transformações que ocorrem durante toda a vida. Para isso a educação deve ser um processo intencional, contínuo e transformador, que leve a integralidade e que repercuta durante toda a vida.

DIRETRIZ 7 – Prática efetiva de gestão democrática.

Apresenta-se como urgente garantir uma efetiva gestão democrática das escolas, urge revogar leis e procedimentos que impedem o exercício pleno da autonomia pessoal e profissional, nomeadamente no que concerne à tomada de decisões nos termos do disposto na Lei de Bases.

Uma boa educação depende da prática de uma gestão pedagógica fundada na liberdade de organização do trabalho escolar, de maneira a contemplar a heterogeneidade, não tendo como referência a faixa etária ou intelectual, mas a socialização na complementaridade e afetividade. Que se extinga a segmentação cartesiana, a disciplina isolada e exposta por um especialista em cinquenta minutos, substituindo-a pela prática de trabalho de projeto, orientado por equipes de educadores, garantindo a construção do aprendizado e respeitando o ritmo de cada um.

A educação que prepara para a democracia deve se dar através de práticas não-autoritárias, que permitam a ampla participação de educandos, dos educadores, das famílias e da comunidade. Só é possível uma educação para a ação cidadã se a educação for pela e na ação cidadã.

As práticas educativas promotoras da liberdade, da autonomia, do respeito, da responsabilidade, da equidade e da solidariedade devem estar associadas aos princípios anteriores, para permitir que atinjamos o objetivo maior da autorresponsabilização social. Por isso se requer que critérios de natureza administrativa nunca se sobreponham a critérios de natureza pedagógica, e que seja erradicado o "dever de obediência hierárquica".

É necessário rever e diversificar os sistemas informáticos/banco de dados, que padronizam a organização do trabalho escolar. E que o acompanhamento, a análise e a efetivação das políticas públicas sejam exercidos por um órgão regulador comunitário, independentemente do poder executivo, garantindo para a comunidade beneficiada a coerência com o resultado esperado. E que se regulamente o estipulado no artigo décimo quinto da lei de Diretrizes e Bases, assegurando às escolas que a desejem a dignidade do estatuto de autonomia, através, nomeadamente, da celebração de "termos de autonomia". E, ainda, que nas decisões de política educativa, critérios de natureza administrativa jamais prevaleçam sobre critérios de natureza pedagógica.

DIRETRIZ 8 – Reelaboração da cultura pessoal e profissional.

Sabemos que a escola não muda a sociedade, a escola muda as pessoas e as pessoas mudam a sociedade. E a mudança, que conduz a uma boa qualidade da educação, passa pela reelaboração da cultura pessoal e profissional dos professores.

São evidentes os graves efeitos do predomínio de uma cultura pautada no individualismo, na competição desenfreada, na ausência de trabalho em equipe o predomínio de decisões de natureza administrativa, que configuram o cotidiano das escolas. Uma pesquisa recente nos diz que 90% dos diretores de escola gastam mais tempo a tratar da merenda escolar do que de assuntos de natureza pedagógica.

Fará algum sentido que alguém, que se forma em pedagogia, não trabalhe com alunos e cumpra funções burocráticas, administrativas, de gestão, em gabinetes, separados da realidade que gerencie?

Constitui tarefa prioritária o cuidar da pessoa, do professor, promover o reconhecimento público e a dignificação do estatuto social dos profissionais da educação, atribuir-lhe um salário digno. Não faz sentido que um médico, por exemplo, tenha por piso salarial uma quantia nove vezes superior ao de um professor. Sem o compromisso dos professores, dificilmente a educação melhorará. O educador deve ser cônscio do seu importante papel como agente social, no contexto de uma educação solidária, a pessoa na relação com pessoas, cada qual com seu projeto de mudança, erradicando o tradicional individualismo da profissão.

O "segredo" da boa qualidade está nas pessoas com uma nova sensibilidade, com um novo olhar sobre os alunos, capazes de construir novas estruturas escolares. Simultaneamente, está nas estruturas, na capacidade de reinventar a organização dos espaços, tempos, saberes, recursos, criando novos dispositivos pedagógicos. Estas estruturas, por seu turno, estão voltadas para as necessidades concretas das pessoas que servem. São as pessoas que produzem as estruturas, mas as pessoas também são produzidas pelas estruturas. É um processo dialético, de aproximações sucessivas.

DIRETRIZ 9 – Boa qualidade de formação dos professores.

Uma boa educação depende de uma boa formação dos professores, de uma formação que possibilite uma reelaboração cultural dos profissionais de desenvolvimento humano, transformações assentes em valores, princípios, na lei e na ciência.

A revalorização social e profissional do educador passa, necessariamente, pela reformulação das formações iniciais, pela reflexão e atualização permanente das práticas educativas e, principalmente, pela constante busca da coerência entre o fazer pedagógico e as necessidades educacionais dos educandos, suas comunidades e das sociedades em geral.

A formação de profissionais de desenvolvimento humano merece maior atenção e carece de profundas mudanças, nomeadamente: por meio do reconhecimento de que a teoria raramente precede a prática, de que o professor não deverá ser objeto de formação, mas sujeito em autoformação no contexto de uma equipe e de um projeto.

Também, importará reconhecer que o modo como o professor aprende é o modo como o professor ensina... e que a Universidade deverá rever práticas de formação incompatíveis com necessidades educacionais do nosso século.

Que deverá interpelar o predomínio das aulas expositivas e de outras práticas destituídas de fundamento teórico ou de mero bom senso. Não acontece mudança, se as relações humanas não se transformam.

Seria útil que a Universidade acompanhasse uma formação profissional transformadora, através da criação de núcleos de mudança, protótipos locais de transformação pessoal e social. E que dispensasse a importação de modelos, optando pelo recurso à herança pedagógica brasileira, que os professores brasileiros desconhecem.

Também, constituiria importante medida de política educativa o cessar das bonificações, incentivo que, por si, não promove a melhoria das aprendizagens. E não associar a formação à angariação de diplomas e créditos para progressão na carreira docente.

DIRETRIZ 10 – Especialização em alfabetização linguística e lógico- matemática.

Entre analfabetos literais e funcionais, são muitos milhões a quem é negado o direito de aprender e de ser. As escolas insistem numa alfabetização quase toda pautada em arremedos de um construtivismo mal interpretado e, sobretudo, no chamado “método fônico”, ou "analítico-sintético". Sendo dois entre muitos modos de ensinar a ler e a escrever, são hegemônicos e causa direta do analfabetismo literal e funcional.

Essa situação poderia ser mitigada se fossem constituídas, em cada escola, equipes de especialistas em alfabetização

ALGUNS CRITÉRIOS DE AVALIAÇÃO DO PLANO DE INOVAÇÃO:

1) Evidenciar os ganhos de aprendizagem (não apenas no domínio cognitivo);
2) Evidenciar o desenvolvimento no domínio pessoal e socio-moral;
3) Evidenciar a coerência entre o conteúdo do projeto escrito e as práticas;
4) Consistente fundamentação científica das práticas;
5) Prática efetiva de inclusão escolar e social;
6) Ausência da necessidade de classes de apoio e de centros de explicações;
7) Uso racional das novas tecnologias de informação e comunicação;
8) Efetiva prática de progressão continuada, que substitua a aprovação automática;
9) Avaliação alinhada com a aprendizagem, formativa, contínua e sistemática;
10) Redução, ou supressão de provas e exames, que pouco, ou mesmo nada avaliam;
11) Avaliação de desempenho dos professores;
12) Salário igual para idênticas funções;
13) Erradicação de bonificações;
14) Recrutamento de professores efetuado pela escola, através de concurso universal, em função de um perfil profissional coerente com os valores e princípios de cada projeto;

15) Dedicação exclusiva;
16) Acesso à formação de boa qualidade, na qual o professor não seja considerado objeto de formação, mas sujeito em autoformação no contexto de uma equipe e de um projeto;
17) Erradicação, na formação inicial e continuada, das aulas expositivas e de outras práticas destituídas de fundamento científico;
18) Desenvolvimento de "projetos especiais", protótipos de transformação pessoal e social;
19) A maturidade dos projetos, fundada em previsíveis ganhos de aprendizagem;
20) A coordenação dos projetos, assegurada por gestores, que façam prevalecer nas decisões de política educativa critérios de natureza pedagógica;
21) O exercício digno da profissão de professor, integrado numa equipe de projeto;
22) A celebração de "contratos e termos de autonomia", nos termos da lei;
23) Criação de novo design de "escola";
24) Adequação da escola aos tempos e ritmos da comunidade de que faz parte;
25) Existência de um "fórum local" (ARCA), que assessore o conselho municipal de educação;
26) Redução do custo aluno-ano;
27) Dispensa do recurso a "transporte escolar";
28) Evidências de desenvolvimento local sustentável e elevação do IDH da comunidade.

ASSEMBLEIAS DE REDES DE COMUNIDADES DE APRENDIZAGEM

Com base no disposto nos Decretos-Leis nº 54/2018 e nº 55/2018, e nas conclusões de estudos realizados em Portugal e no Brasil, nomeadamente, o de maior "fôlego" – Projeto de Pesquisa realizado pelo Instituto Brasileiro de Informação, Ciência e Tecnologia – bem como as conclusões da participação no Grupo de Trabalho do MEC, que identificou projetos potencialmente inovadores, consideramos ser inadiável que as secretarias de educação brasileiras e os agrupamentos e escolas portugueses assegurem condições:

1. do efetivo cumprimento das Leis de Bases da Educação e dos projetos educativos das escolas, no reconhecimento de que a Educação é um direito de TODOS, e de que todos podem aprender, desde que sejam criadas condições para tal;
2. de melhoria da qualidade da educação, a erradicação do analfabetismo, a sustentabilidade socioambiental, a promoção da gestão democrática e da cidadania, com ênfase nos valores morais e éticos em que se fundamenta a sociedade, nos termos da Constituição;
3. e de que, em tomadas de decisão de política educacional, prevaleçam princípios de natureza científica e pedagógica, como reza, por exemplo, o artigo 48º da Lei de Bases do Sistema Educativo.

Decorrente destes princípios, considero oportuno desenvolver um projeto de criação de uma Assembleia de Redes de Comunidades de Aprendizagem (ARCA), que promova uma boa qualidade da educação, com potencial de difusão em rede, com os seguintes objetivos:

1. Desenvolver núcleos de projeto – protótipos de comunidades de aprendizagem;
2. Realizar a reconfiguração das práticas escolares, através de processos de formação que promovam a reelaboração da cultura pessoal e profissional dos profissionais do desenvolvimento humano ao serviço de secretarias de educação e agrupamentos de escolas;
3. Desenvolver educação integral em novas construções sociais de aprendizagem;
4. Construir indicadores de melhoria da qualidade da educação e formular diretrizes de política educacional.

Infraestrutura a ser utilizada

Caberá às secretarias de educação e aos agrupamentos de escolas, através da celebração de contrato de prestação de serviços, disponibilizar a infraestrutura logística para o trabalho a realizar, bem como criar condições de disseminação de informação e partilha de conhecimento produzido no decurso do projeto.

Condições a assegurar

1. Reconhecimento da autonomia pedagógica e administrativa dos núcleos de projeto, através da celebração de "contratos e termos de autonomia";
2. Estabilidade dos núcleos de projeto, que vierem a constituir-se, por um período nunca inferior a três anos;
3. Negociação de autonomia financeira;
4. Assunção dos custos da assessoria prestada pela equipe;
5. Acompanhamento e participação na avaliação do projeto.

Resultados esperados

1. A reorganização da prática escolar e o desenvolvimento de efetiva educação integral;
2. A instalação de protótipos de comunidade de aprendizagem, organizados em rede;
3. Uma formação de profissionais de desenvolvimento humano aptos a desenvolver práticas promotoras de excelência acadêmica e de inclusão escolar e social;
4. A sistematização dos indicadores de melhoria da qualidade da educação e a elaboração de diretrizes de política educacional.

Equipe técnica

O projeto será coordenado por Assembleias de Redes de Comunidades de Aprendizagem (ARCA), que atuarão, diretamente ou em parceria, com profissionais especializados, conforme as necessidades e as particularidades da execução dos serviços de planejamento, acompanhamento e avaliação.

PROJETO DE FORMAÇÃO

NOVAS CONSTRUÇÕES SOCIAIS DE APRENDIZAGEM E DE EDUCAÇÃO

O projeto "Novas Construções Sociais de Aprendizagem" tem por base uma proposta de processo formativo e foi concebido com base no conhecimento e na prática de escolas de comprovada excelência acadêmica e inclusão social, nomeadamente, a Escola da Ponte, o Projeto Âncora e a Escola Aberta de São Paulo.

Desde há mais de 50 anos, são desenvolvidas práxis reconhecidas como inovadoras, pelos princípios que preconiza. A intencionalidade educativa, que serviu de referencial ao projeto "Fazer a Ponte", orienta-se no sentido da formação de pessoas e cidadãos cada vez mais cultos, autônomos, responsáveis e solidários, democraticamente comprometidos na construção de um destino coletivo e de um projeto de sociedade, que potencializem a afirmação das mais nobres e elevadas qualidades de cada ser humano.

Os projetos humanos contemporâneos carecem de um novo sistema ético e de uma matriz axiológica clara, baseada no saber cuidar e conviver. Requerem que abandonemos estereótipos e preconceitos. Exigem que se transforme uma escola obsoleta numa escola que a todos e a cada qual dê oportunidades de ser e de aprender – que a todos assegure o direito à educação.

Se a modernidade tende a remeter-nos para uma ética individualista, nunca será demais falar de convivência e diálogo, enquanto condições de aprendizagem promotora de desenvolvimento humano sustentável, incompatível com práticas escolares hegemónicas de que ainda dispomos.

A educação acontece na convivência, de maneira recíproca entre os que convivem. A partir da sala de aula e daquilo que somos, do que sabemos e do que sabemos fazer, urge afirmar a possibilidade de conceber uma nova construção social de aprendizagem, na qual, efetivamente, se concretize uma educação integral.

Urge mudar, transformar, inovar, humanizar a Educação. Neste sentido, nos propomos desenvolver um processo formativo de novo tipo.

Durante o ano de 2024, começaremos por avaliar anteriores iniciativas de inovação, religando projetos em curso, valorizando a competência profissional dos educadores e deles cuidando, aquilo que a Unesco preconiza no documento "Educação do Futuro", mas uma inovação concretizada no presente.

Valorizando o saber-fazer dos professores, serão gestadas práticas de uma Educação Humanizadora. Praticando uma ciência prudente, de modo gradual e sem fazer de alunos ou professores "cobaias", partilharemos o saber e o saber-fazer de equipes que exercem o seu múnus profissional no chão de escolas e universidades. Ajudaremos a criar condições de a todos garantir o direito à Educação, a uma educação, efetivamente, integral, humanizada, que contemple a multidimensionalidade do ser humano.

Não se trata de um projeto pessoal, mas de uma proposta apresentada por um coletivo, ao qual irá ser confiada a tarefa de criar redes de comunidades de aprendizagem através da prática de uma formação transformadora...

Ciclo de Iniciação: 10 (dez) meses

Modalidades de formação: Módulos de Curso, Projeto, Oficina.

Círculo de Estudo "à distância" e presencial ("Residência" – imersão em lócus de referência)

Ciclo de Desenvolvimento: 4 (quatro) anos.

Modalidade de formação: Círculo de Estudos.

Finalidades

MUDANÇA e INOVAÇÃO, religando práticas fundadas nos paradigmas da instrução, da aprendizagem e da comunicação, cocriando comunidades.

PRÁTICA DE EDUCAÇÃO INTEGRAL, assegurando a todos os seres humanos o direito a uma educação humanizada.

Participantes

Educadores, professores e outros agentes educativos locais.

Objetivo principal

Conceber uma nova construção social, que a todos garanta o direito à educação, a uma educação humanizada, integral, em tempo integral.

Objetivos específicos

Produzir conhecimento e cultura, conectando os interesses dos estudantes, os saberes comunitários e os conhecimentos acadêmicos, para transformar o contexto local;

Criar redes de protótipos de comunidades de aprendizagem, organizando as redes em Assembleias de Redes (ARCA), que congreguem projetos isolados e promovam sustentabilidade legal, científica e financeira dos projetos.

Prover o crescimento do educando (físico, mental, intelectual, emocional, afetivo, psíquico, até mesmo espiritual), para que, como sujeito de aprendizagem, possa participar de transformações do seu meio, de forma ética, na perspectiva do desenvolvimento sustentável do ser humano e da comunidade em que se integra.

Criar condições de desenvolvimento local sustentável, pela estruturação de um currículo voltado para a formação integral da pessoa, que reconhece a multidimensionalidade da experiência humana – afetiva, ética, social, cultural e intelectual;

Implementar três dimensões curriculares: da subjetividade, da comunidade, da consciência planetária, de forma integrada;

Compreender e exercitar o papel do poder e da liderança;

Desenvolver práticas de diálogo e de gestão de conflito;

Desenvolver relação intersetorial e em rede, envolvendo a comunidade, para a garantia dos direitos fundamentais de professores e estudantes, reconhecendo-se que o direito à educação é indissociável dos demais direitos;

Efetivar a corresponsabilização na construção e gestão dos projetos das escolas: estruturação do trabalho da equipe, com base em um sentido compartilhado de educação, que orienta a cultura institucional e os processos de aprendizagem e de tomada de decisão;

Assegurar o efetivo cumprimento dos projetos das escolas, contribuindo para que as escolas, efetivamente, cumpram a lei;

Validar um modelo organizacional alternativo, em que as famílias dos educandos e a comunidade participem ativa e efetivamente;

Integrar os espaços e equipamento público comunitário ao edifício-escola, estabelecendo conexões, que ampliam a capacidade de usuários e construção de conhecimento em rede;

Propor equipamentos e materiais necessários ao trabalho em comunidade de aprendizagem;

Introduzir tutorias, dispositivo central na passagem do paradigma da instrução para o da comunicação;

Reconfigurar práticas educativas, integrando contribuições dos paradigmas da instrução, da aprendizagem e da comunicação, preferencialmente, trabalhando com todos os professores de uma escola, ou constituindo "turmas-piloto" e "círculos de aprendizagem", religando instituições (Família, Sociedade e Escola), unindo Arte e Cultura, Saúde e Educação.

Desenvolver ciclos formativos caracterizados pelo saber cuidar, promovendo envolvimento comunitário através da constituição de círculos de aprendizagem, da elaboração de matrizes axiológicas e aplicação de protocolos de avaliação.

Providenciar adequação ambiental, efetuando a cartografia social das comunidades, propondo diretrizes de adequação arquitetônica.

Possibilitar uma participação ecológica, em equipe interdisciplinar, integrada de psicólogos, terapeutas, sociólogos, pedopsiquiatras e agentes educativos locais.

Apoiar a realização de "residência antropogógica" no contexto de práticas inovadoras, propiciando a reelaboração da cultura pessoal e profissional dos professores;

Reconfigurar as práticas escolares, conferindo-lhes fundamento na lei e numa ciência prudente, com referência ao paradigma da comunicação;

Compatibilizar o recurso às tecnologias digitais de informação e comunicação com o projeto de inovação educacional, assegurando a transição de práticas fundadas no paradigma da instrução para práticas fundadas nos paradigmas da aprendizagem e da comunicação;

Promover uma formação de profissionais de desenvolvimento humano em contexto de inovação educacional, na prática de modalidades de formação do século XXI;

Promover a aprendizagem incorporando práticas inspiradas na Carta da Terra, no Relatório Delors / UNESCO, na Carta das Cidades Educadoras, nos Objetivos do Desenvolvimento Sustentável (ODS), na Declaração de Salamanca e em outros documentos orientadores de práticas de desenvolvimento sustentável;

Criar condições de continuidade e replicação instituinte dos projetos.

Tópicos de provável abordagem

Considerando o formando, não como objeto de formação, mas como sujeito em autoformação no contexto de uma equipe, que intervém na definição das necessidades de reelaboração da sua cultura pessoal e profissional, serão estes os conceitos (e práticas) de provável abordagem:

Aprendizagens essenciais;

Avaliação formativa, contínua e sistemática;

Autonomia pedagógica, administrativa e financeira;

Círculo de aprendizagem;

Comunidades de aprendizagem;

Cooperação e docência compartilhada:

Currículo da subjetividade, da comunidade e da consciência planetária;

De uma formação individualista à autoformação mutualista;

Desenvolvimento afetivo, socioemocional e sociomoral;

Desenvolvimento sustentável;

Educação integral;

Elaboração e avaliação de projetos;

Evidência de aprendizagem;

Inclusão escolar e social;

Integração curricular e diversidade;

Mediação pedagógica;

Modelos educacionais e de aprendizagem;

Modos de ser e estar – a gestão de espaços e tempos;

Novas construções sociais de aprendizagem;

Origens da escola da modernidade;

Participação e gestão democrática;

Portfólio digital e comunicação de avaliação;

Princípios gerais de aprendizagem;

Projeto, planejamento e roteiro de estudo;

Redes de aprendizagem em cidades educadoras;

Reelaboração da cultura pessoal e profissional;

Regulamentos escolares e decisões por consenso;

Relação pedagógica;

Sustentabilidade e desenvolvimento local;

Trabalho em equipe;

Transformação convivencial;

Transição paradigmática no campo educacional;

Utilização de novas tecnologias e plataformas digitais de aprendizagem;

Valores humanos, princípios, ética na educação.

Metodologia

O processo de formação e transformação é caraterizado pelo isomorfismo: o educador realiza, em contexto real a sua transformação pessoal e profissional, de forma idêntica à que desenvolverá com seus alunos e comunidade.

Etapa 1 - Identificação de educadores que assumam o compromisso de participar do projeto de criação de uma Rede de Comunidades de Aprendizagem.

O processo integra três ciclos formativos: o CUIDAR, o RECONFIGURAR e o PROTOTIPAR.

Avaliaremos as bases teóricas e práticas fundamentadoras de uma nova construção social da aprendizagem, o que requer uma reelaboração cultural alicerçada em valores, princípios e acordos pactuados pela comunidade escolar. Isto é: o CUIDAR da transformação do educador; o RECONFIGURAR da prática educativa, com a implementação de dispositivos pedagógicos típicos de uma nova educação; e o PROTOTIPAR, com a implantação de um protótipo de comunidade de aprendizagem.

Aproveitando aquilo que os professores são, e o que sabem fazer (valorizando o saber "dar aula"), todos os participantes da formação aprenderão a utilizar dispositivos pedagógicos, a metodologia de trabalho de projeto, como fazer roteiros de estudo, como fazer avaliação, etc. Haverá lugar a "aulas" de elaboração de projetos e roteiros de pesquisa, com objeto inicial igual para todos os grupos (sugestão: reconhecimento do bairro, identificação de espaços e pessoas com potencial educativo). O trabalho dos educadores será sempre ...

Etapa 2 – Ciclo CUIDAR

Tem como objetivo possibilitar a transformação do educador socializado numa nova abordagem pedagógica e construir os instrumentos de constituição de comunidades de aprendizagem.

No decorrer deste ciclo, os participantes desenvolverão a matriz axiológica da comunidade, que dará suporte a construção do Projeto; elaborarão Carta Princípios e Acordos de Convivência; estruturarão o trabalho escolar; iniciarão o desenvolvimento de uma escuta ativa; instalarão os primeiros dispositivos de relação (competências socioemocionais).

Etapa 3 – Ciclo RECONFIGURAR

Tem como objetivo promover a reconfiguração da prática educativa do educador, passando do paradigma da instrução para o paradigma da aprendizagem.

No decorrer deste ciclo, os participantes: adequarão os espaços de aprendizagem no contexto escola; realizarão avalição diagnóstica atitudinal e cognitiva (linguística e lógico-matemática) dos educandos; elaborarão a "linha de base" da qualidade da educação da comunidade; implementarão os primeiros dispositivos pedagógicos do paradigma da aprendizagem (metodologia de trabalho de projeto, tutoria, roteiros de estudo); introduzirão práticas do currículo tridimensional (da subjetividade, da comunidade, da consciência planetária) articulado com o currículo prescrito; construirão protótipos de transformação da prática educativa com os educandos; constituirão núcleos de projeto de aprendizagem; identificarão o potencial educativo da comunidade; irão elaborar portfólios para avaliação formativa, contínua e sistemática dos educandos; realizarão encontros com a comunidade.

Etapa 4 – Ciclo PROTOTIPAÇÃO

Tem como objetivo iniciar a transição do paradigma da aprendizagem para o da comunicação.

No decorrer deste ciclo, os participantes: desenvolverão com os educandos projetos e pesquisa que promovam a sustentabilidade, o estímulo ao espírito inventivo e criação de soluções novas, bem como de responsabilidade social, princípio ético que nos diz que tudo o que for inovador o deva ser para benefício coletivo; elaborarão um plano de metas de melhoria da qualidade da educação na comunidade, a partir da "linha de base da qualidade de educação local"; constituirão parcerias para a criação de uma rede local para um desenvolvimento sustentável; sistematizarão os conhecimentos, para posterior difusão.

Recorreremos a estratégias que permitam expressar singularidade e desenvolver projetos com impacto na comunidade, contribuindo para o seu desenvolvimento.

O apoio a trabalho dos formandos passará pela criação de dispositivos de integração curricular, para produção de conhecimento multidisciplinar, interdisciplinar e transdisciplinar. Com recurso à metodologia de trabalho de projeto, a definição do currículo reveste-se de um caráter dinâmico e carece de um permanente trabalho reflexivo por parte da equipe de educadores, de modo a que seja possível a aquisição de saberes e o desenvolvimento de competências essenciais. Como um convite a todos os envolvidos em sua implementação para discutir a função social da escola, tentando romper com a concepção conservadora de ciência, currículo, conhecimento, questionando práticas pedagógicas conservadoras, compreendendo que a educação é construção coletiva.

Tópicos de provável abordagem

Considerando o formando, não como objeto de formação, mas como sujeito em autoformação no contexto de uma equipe, que intervém na definição das necessidades de reelaboração da sua cultura pessoal e profissional, serão estes os conceitos (e práticas) de provável abordagem:

Aprendizagens essenciais;

Avaliação formativa, contínua e sistemática;

Autonomia pedagógica, administrativa e financeira;

Círculo de aprendizagem;

Comunidades de aprendizagem;

Cooperação e docência compartilhada:

Currículo da subjetividade, da comunidade e da consciência planetária;

De uma formação individualista à autoformação mutualista;
Desenvolvimento afetivo, socioemocional e sócio-moral;
Desenvolvimento sustentável;
Educação integral;
Elaboração e avaliação de projetos;
Evidência de aprendizagem;
Inclusão escolar e social;
Integração curricular e diversidade;
Mediação pedagógica;
Modelos educacionais e de aprendizagem;
Modos de ser e estar – a gestão de espaços e tempos;
Novas construções sociais de aprendizagem;
Origens da escola da modernidade;
Participação e gestão democrática;
Portfólio digital e comunicação de avaliação;
Princípios gerais de aprendizagem;
Projeto, planejamento e roteiro de estudo;
Redes de aprendizagem em cidades educadoras;
Reelaboração da cultura pessoal e profissional;
Regulamentos escolares e decisões por consenso;
Relação pedagógica;
Sustentabilidade e desenvolvimento local;
Trabalho em equipe;
Transformação convivencial;
Transição paradigmática no campo educacional;
Utilização de novas tecnologias e plataformas digitais de aprendizagem;
Valores humanos, princípios, ética na educação.

Avaliação

O processo de avaliação será assegurado a partir da recolha de evidências de aprendizagem registradas em portfólio digital.

Terá caráter formativo, contínuo e sistemático.

Em escala dicotômica, durante o processo de formação, verificaremos a presença (S), ou ausência (N) de evidências de aprendizagem, referentes aos seguintes critérios:

Critérios	**Data**	**S/N**
Constituição de núcleo de projeto		
Matriz axiológica		
Carta de Princípios		
Projeto reelaborado (entrega)		
Regimento Interno coerente com o projeto (entrega)		
Minuta de Termo de Autonomia (entrega)		
Construção de uma linha de base da qualidade da educação		
Participação numa Rede de Círculos de Estudos		
Prática de avaliação formativa, contínua e sistemática		
Constituição de tutorias		
Instalação de dispositivos de reconfiguração das práticas		
Aprendizagens essenciais (Registros de avaliação anexos)		
Presença de dispositivos básicos de relação		
Identificação do potencial educativo da comunidade		
Cocriação de projetos		
Prática de pesquisa (autoria)		
Capacidade de resolução de conflitos		
Prática de sociocracia		
Participação de voluntariado		
Criação de círculos de vizinhança		
Integração família-sociedade-escola		
Gestão autônoma do tempo/espaço		
Desenvolvimento de currículo da subjetividade		
Desenvolvimento de currículo de comunidade		
Desenvolvimento de currículo de consciência planetária		
Utilização de suporte virtual / plataforma digital		
Autodisciplina		

Auto planejamento - Elaboração de roteiros de estudo		
Autoavaliação		
Relação positiva e de entreajuda		
Responsabilidade pessoal e social		
Aquisição de conhecimentos básicos de ciências da educação		
Autonomia científica e técnico-pedagógica		
Autonomia administrativa		
Autonomia financeira		
Excelência acadêmica com inclusão escolar e social		
Integração da escola numa comunidade de aprendizagem		

Cumpridos estes critérios, poderemos verificar a passagem do processo de mudança para o estatuto de projeto de inovação. Para tal, teremos por referência os seguintes parâmetros e critérios:

Parâmetros	**Critérios**	**Ações observáveis**
Desenvolvimento curricular	Produção de conhecimento e cultura: tornar a instituição educativa espaço de produção de conhecimento e cultura, que conecta os interesses dos estudantes, os saberes comunitários e académicos, para transformar o contexto socioambiental. Desenvolvimento de um currículo voltado para a formação integral da pessoa, que reconhece a multidimensionalidade da experiência humana - afetiva, ética, social, cultural e intelectual.	• Prática de educação integral • Superação de lógicas fragmentárias • Integração de agentes educativos locais • Re-religare escola-família-sociedade Integração curricular • Prática de metodologia de trabalho de projeto • Trabalho em equipe • Desenvolvimento do pensar sobre o pensar • Exercício da cidadania • Substituição da reprovação pela avaliação • Supressão de provas e exames • Definição de uma matriz axiológica clara • Saber cuidar e conviver - novo sistema ético • Redefinição do papel do professor • Mediação pedagógica • Professor "designer educacional", co-criador

	Fundamentação das práticas num novo paradigma educacional, que garanta a todos os brasileiros o direito à educação.	• Projetos de produção de sentido para a vida • Diversidade - diversificação curricular • Escola como lócus de humanização • Oportunidade de inclusão • Revisão de indicadores de avaliação • Avaliação da qualidade da educação • Teste de indicadores de boa qualidade • Definição de diretrizes de política pública • Deter a função seletiva da escola
Sustentabilidade	Ambiente físico que manifeste a intenção de educação humanizada, potencializadora da criatividade. Estratégias que estimulam o diálogo entre os diversos segmentos da comunidade, a mediação de conflitos por pares, o bem-estar de todos, a valorização da diversidade e a promoção da equidade. Sustentabilidade social, econômica, ecológica e cultural: Estratégias que levem a uma nova forma de relação do ser humano com o contexto planetário, a uma nova visão de mundo.	• Desenvolver educação em espaços de cultura • Valorização da ciência e da arte • Valorização dos saberes populares • A escola como nodo de rede de aprendizagem • Questionamento e resolução de problemas • Mapeamentos de potencial educativo • Regime de dedicação exclusiva do educador • Seleção de educadores pelas escolas • Existência de um perfil de educador • Evidências de educação na cidadania • Condições de desenvolvimento sustentável • Práticas inspiradas na Carta da Terra • Práticas inspiradas no Relatório Delors • Práticas inspiradas nos Objetivos do Milénio Idem, na Declaração de Salamanca • Realização profissional dos professores • Exercício de cooperação e solidariedade • Cumprimento dos projetos educativos • Aprendizagem em autonomia • Avaliação de desempenho dos educadores • levação do estatuto social do professor

Articulação entreagentes educativos	Estratégias inter-setoriais eem rede, envolvendo a comunidade, para garantiados direitos fundamentais dos estudantes, porque o direito à educação é indissociável dos demais direitos.	• Extinção do gueto da sala de aula • Concepção de novas construções sociais • Participação de agentes educativos locais • Coesão social • Estabilidade da equipe de projeto • Criação de comunidades de aprendizagem • Avaliação das redes de projetos inovadores • Processos de mudança educacional
Direção, gestão e administração	Corresponsabilização na construção e gestão do projeto educativo: Trabalhode equipe compartilhado, na garantia de que critérios de natureza pedagógica sempre prevaleçam sobre critérios de natureza administrativa.	• Escuta da polis • Análise crítica do conteúdo dos projetos • Práticas efetivas de gestão democrática • Constituição de conselhos de projeto • Fundamentação nas ciências da educação • Adequação da regulamentação das leis • Efetivo cumprimento da Lei • Extinção de estruturas burocratizadas • Extinção do "dever de obediência hierárquica"
Metodologia e técnicas	Estratégias que permitam ao estudante expressar sua singularidade e desenvolver projetos de seu interesse, que impactem a comunidade e contribuam para o seu desenvolvimento	• Reconfiguração das práticas escolares • Transição para o paradigma da aprendizagem • Transição para o paradigma da comunicação • Especialização em alfabetização linguística • Formação inicial e contínua inovadora • Professor-sujeito em autoformação • Reelaboração cultural do educador • Uso racional das "novas tecnologias"

À GUISA DE CONCLUSÃO

> *"Quando a comunidade se constitui como parte atuante da escola, com voz e participação na construção coletiva do projeto, surge o sentido de pertencimento, isto é: a escola passa a pertencer à comunidade que, por sua vez, passa a zelar com mais cuidado por seu patrimônio; a escola começa a sentir-se pertencente* àquela *comunidade e começa a criar, planejar e respirar projetos de interesse de sua gente, de sua realidade"*
>
> (Anísio Teixeira)

Porque se pretende contribuir para a concretização de um Plano de Inovação, importa, em escassas linhas abordar conceitos como o de educação integral e comunidade de aprendizagem.

Anísio Teixeira concebe a ideia de uma educação integral, em que se acolha toda a amplitude do ser e se usa como matéria-prima a própria vida: "*se o nosso interesse é pela vida, aprender significa adquirir um novo modo de agir. Aprende-se através da reconstrução da experiência. Toda aprendizagem deve ser integrada à vida, ou seja, adquirida em uma experiência real de vida.*"

Não se trata apenas de lutar pela melhoria da educação, mas de fazer desse processo uma estratégia para a melhoria da vida das pessoas. Uma nova forma de fazer educação é pensada a partir do contexto da comunidade onde a aprendizagem ocorre, na medida em que transforma positivamente a sua realidade socioambiental.

O conceito de comunidade é diverso, assim como a capacidade da escola de estabelecer ações efetivas com o seu entorno. O fato de a escola acolher alunos de realidades territoriais distintas, não próximas da escola, dificulta o sentido de pertencimento dos alunos ao contexto territorial e impossibilita a interação da escola com a comunidade de origem dos alunos.

A relação entre escola e comunidade, no que tange a participação da escola na transformação social e no desenvolvimento local, mostra-se precária.

E a participação das famílias acontece, quase exclusivamente, em escassas reuniões formais.

A comunidade de aprendizagem pode assumir a forma de rede social física, ou de rede virtual. Nas palavras de Lauro de Oliveira Lima, são divisões celulares da macroestrutura em microestruturas federalizadas num conjunto maior, mais complexas, que facilitam o encontro entre pessoas.

Aprendemos na intersubjetividade, numa tripla dimensão curricular, no contexto de novas construções sociais. Porque escolas são pessoas, não são edifícios. E as comunidades são feitas de pessoas, que participam na produção conjunta de conhecimento.

Entre os edifícios das escolas, das igrejas, das habitações, das associações, das empresas, ou nos espaços de lazer, estabelece-se interação humana capaz de concretizar os Objetivos do Desenvolvimento Sustentável - ODS e dar sentido ao quotidiano das pessoas e influenciar positivamente as suas trajetórias de vida.

A proposta tem por principais referências: Lauro de Oliveira Lima e Lev Vygotsky, da Psicologia da Educação; Agostinho da Silva e Rubem Alves, da Filosofia da Educação; Florestan Fernandes e Henry Giroux, da Sociologia da Educação; Lawrence Stenhouse e Gimeno Sacristan, da Teoria Curricular; Paulo Freire e Edgar Morin, da Epistemologia; Manuel Castells e Simon Papert das Tecnologias de Informação e Comunicação; Anísio Teixeira e Maria Nilde, da Pedagogia; Darcy Ribeiro da Política Educacional; Pierre Lévy da Cibernética; António Damásio, das Neurociências; Nise da Silveira, da Psiquiatria; Carl Rogers, da Psicanálise; António Nóvoa, da História da educação; a Praxeologia de Freinet...

Estes e outros contributos científicos (e, também, legais) darão suporte ao desenvolvimento de novas práticas, pois urge conceber novas construções sociais de aprendizagem, na consideração da escola enquanto nodo de uma rede de aprendizagem colaborativa.

A construção de políticas e práticas educativas por referência a um território singular (contextualizadas) supõe um questionamento crítico e uma superação da forma escolar e da sua tendencial extraterritorialidade, de modo a que a aprendizagem não seja encarada, quase que exclusivamente, num registro didático e técnico.

Quando pensamos em educação integral, associamos referências ao planejamento de cidades. A possibilidade de organizá-las do ponto de vista da educação é preconizado na carta de princípios das Cidades Educadoras, assim como nas proposições do Programa Escola Integrada/PEI, que visa à formação de "territórios educativos" a partir do uso de espaços extraescolares – praças, igrejas, centros culturais – entre outros espaços da cidade, que, nessa perspectiva, pode ser considerada um território educativo.

Entretanto, já é senso comum que os muros que cercam a escola não são apenas barreiras físicas, mas, sobretudo, a expressão de incapacidade, por conta de um determinado modelo educacional, de criar de integração territorial. Assim sendo, pensar em "território educativo" é pensar em uma ação intimamente relacionada ao contexto social no qual a escola se insere.

A prática de educação integral é bem mais do que a ampliação da jornada escolar. Desenvolvemos outros projetos com esta configuração. Por exemplo, no Projeto Âncora, desenvolvendo práticas educativas autônomas, sustentáveis, favoráveis à formação de seres humanos integrados à vida, criativos, solidários, na ultrapassagem do âmbito restrito da educação escolar, agindo em múltiplos espaços sociais, políticos e culturais.

Nesse, e em outros projetos de inclusão social, se concretizou o proposto por Lauro de Oliveira Lima: *a expressão "escola de comunidade" procura significar o desenquistamento isolacionista da escola tradicional. Escola, no futuro, será um centro comunitário propulsor das equilibrações sincrônicas e diacrônicas do grupo social a que serve. Não só a escola utilizará como instrumento "escolar" o equipamento coletivo, como a comunidade utilizará o local da escola como centro de atividade. (...) a escola não se reduzirá a um lugar fixo murado.*

Num primeiro rascunho do primeiro livro publicado sobre comunidades de aprendizagem, o mesmo autor afirmava ser necessário *educar através de clubes (...) misturar adultos e adolescentes (...) usar a capacidade ociosa da escola (...) equipamentos coletivos (...) criação de coletiva (...) levar a comunidade a colocar em comum seus pertences (...) universidade popular (...) verificar os tipos de atividades existentes na comunidade (...) escola de comunidade.*

A cidade pode constituir-se espaço educador que possibilita o encontro dos sujeitos históricos, no diálogo entre escolas e outras políticas públicas, criando espaços, tempos e oportunidades educacionais. A formação não se restringe ao espaço físico escolar; é uma proposta que integra a vida comunitária e vai ao encontro dos ideais de Darcy Ribeiro e de Anísio Teixeira, ideias visionárias e bastante pertinentes quanto a:

Fazer escolas nas proximidades das áreas residenciais, para que as crianças não precisassem andar muito para alcançá-las;

Atividades na biblioteca, na piscina, nas quadras de esporte;

Reorganizando os tempos.

Se acrescenta que, na definição dos espaços e tempos de aprendizagens, com vistas a garantir o princípio da integralidade, o território não se limita ao espaço geográfico, mas à abrangência dos efeitos sociais e políticos em que o indivíduo esteja inserido. O estudante não é só da professora ou da escola, e sim da rede, da cidade.

Ressignificação dos espaços escolares e complementares convencionais, porque o aumento do tempo de estudo deve vir acompanhado da ampliação do acesso dos estudantes a espaços múltiplos, para apropriação da cidade e dos seus saberes;

Não se trata de deslocar a atividade escolar para outros espaços, escolarizando ainda mais a família e a sociedade, mas de desenvolver a percepção dos territórios como elementos educadores, por meio dos quais se aprende participando de transformações pessoais e sociais. Por que não considerar as escolas como espaços públicos, nodos de redes comunitárias, devolvendo as escolas às comunidades, prestando uma maior atenção à intervenção no pré-natal e nos cuidados até aos quatro anos de idade, na partilha da responsabilidade de educar, nomeadamente na interação com a área da saúde?

Entre a escola, o bairro, a habitação, o clube desportivo, a associação cultural e recreativa, o local de trabalho ou de lazer, há que estabelecer uma corrente de interação humana capaz de dar sentido ao quotidiano das pessoas e, assim, influenciar positivamente as suas trajetórias de vida. Estaremos, então, a contribuir para a criação de espaços que, pela sua densidade antropológica, podem servir para ajudar a despertar a vocação humana para a transcendência e, nessa medida, funcionar como verdadeiros laboratórios de laços sociais onde a vinculação ética ao outro tenha a marca da solicitude mútua, do respeito e da sensibilidade.

Potencializado em práticas de autêntica relação social, o reconhecimento intersubjetivo surge-nos como condição de convivência, de paz e solidariedade, valores reclamados pelo mundo contemporâneo.

É preciso experimentar um novo modo de organização, em equipes de pessoas autônomas e responsáveis, todas cuidando de si mesmas e de todo o resto, numa escola realmente "pública". Não negando o potencial da razão e da reflexão, juntar-lhe as emoções, os sentimentos, as intuições e as experiências de vida.

Que se perceba que toda a prática tem teoria subjacente, que não há prática sem teoria. E que a fundamentação teórica do ato de educar seja multirreferencial, numa práxis coerente com necessidades educativas locais, escapando a modas e fundamentalismos pedagógicos. Que a aprendizagem não está centrada no professor, nem no aluno, mas na relação. Que ela é antropofágica, pois não se aprende o que outro diz, se aprende o... outro.

Será necessário que as escolas se assumam como nodos de redes de aprendizagem. permitindo concretizar práticas educacionais transformadoras da realidade social, ao mesmo tempo que atende a demanda de significado e propósito para toda a comunidade escolar.

Na reconfiguração dos processos de aprendizagem, todos os locais e pessoas com potencial educativo serão integradas numa relação em rede de partilha e produção de conhecimento.

A escola abre um diálogo profundo com sua comunidade, dando novos significados ao conhecimento, que passa a ficar cada vez mais intimamente ligado à vida das pessoas e aos territórios. A comunidade se humaniza e acolhe com mais qualidade seus habitantes, que passam a reconhecer-se como fazendo parte daquele lugar, consolidando-se cada vez mais o pertencimento.

Entendemos, pois, que existe uma relação simbiótica entre os espaços sociais. A comunidade pertence à escola tanto quanto a escola pertence à comunidade.

Acreditamos que os projetos humanos sejam produtos de coletivos, e por isso a importância dos sujeitos na construção da história. Sujeitos que são formados nas relações sociais e na interação com a natureza para produção e reprodução de sua vida e realidade.

Este projeto de formação constitui-se em inovação, uma vez que busca incorporar uma nova prática educativa e integrar as dimensões da sustentabilidade. A presente proposta visa concretizar os objetivos constantes da Constituição e da Declaração Universal dos Direitos da Criança, isto é: promover o crescimento do educando em todos os aspectos: físico, mental, intelectual, emocional, afetivo e psíquico, para que ele possa interferir, atuar e transformar o seu meio, de forma ética, na perspectiva do desenvolvimento sustentável do ser humano e da comunidade em que se integra. O desenvolvimento de um projeto educacional inovador se torna imprescindível, por responder a necessidades de uma nova geração de talentos humanos.

Uma educação de boa qualidade, que assegure excelência acadêmica e inclusão social, é possível, se redefinido o conceito de "escola", se acontecer a reconfiguração das práticas escolares, no contexto de novas construções sociais de aprendizagem.

As escolas carecem de um novo sistema ético e de uma matriz axiológica clara, baseada no saber cuidar e conviver e os projetos humanos contemporâneos não se coadunam com as práticas escolares que ainda temos. Requerem que abandonemos estereótipos e preconceitos, exigem que se transforme uma escola obsoleta numa escola que a todos e a cada qual dê oportunidades de ser e de aprender.

REFERÊNCIAS BIBLIOGRÁFICAS

Alves, R. (2001). *A escola com que sempre sonhei.* São Paulo, Papirus.

Ander-Egg, E. (1989). *La Animacion y los Animadores.* Madrid, Narcea.

Araújo, J. (2008). *Voluntariado:* na contramão dos direitos sociais. São Paulo, Cortez.

Ardoino, J. (1989). Pour une Éducation Permanente Critique. Éducation *Permanente*, 98.

Aronowitz, S. & Giroux, H. (s/d). *Educação radical.* Porto, texto policopiado.

Ausubel, D. (2012) Psicologia Educacional. Rio de Janeiro, Editora interamericana.

Bachelard, G. (1986). *O Novo Espírito Científico.* Lisboa, Edições 70.

Bakhtin, M. (2011) Estética da criação verbal. São Paulo, Martins Fontes.

Barbier, J. et al (1991). Tendances d'évolution da la formation des adultes. *RFPédagogie*, 97.

Barroso, J. (1992). Fazer da Escola um Projecto. Lisboa, Educa.

Bedeschi, G. (1985). *Anthropos-Homem.* Lisboa: Enaudi/INCM.

Benavente, A. et al (1992). *Do outro Lado da Escola.* Lisboa, Editorial Teorema.

Bogard, G. (1991). *Pour une éducation socialisatrice des adultes.* Strasbourg, Cons. da Europa.

Bohm, D. (, 2005). *Diálogo* – Comunicação e Redes de Convivência. São Paulo, Palas Athena.

Bordieu, P. (1989). *O Poder Simbólico.* Lisboa, Difel.

Bourdieu, P. & Passeron, J. (1970). *La Reprodution.* Paris, Minuit.

Brasil. (1988). *Constituição da República Federativa do Brasil de 1988.*

Brasil. *Lei de Diretrizes e Bases da Educação Nacional* - LDB - Lei nº. 9.394, de 20/12/1996.

Bronfenbrenner, V. (1987). *La Ecologia del Desarrollo Humano.* Buenos Aires, Paidós.

Campos, B. (1993). As Ciências da Educação em Portugal. *Inovação,* Vol.6.

Canário, R. (1991). Mudar as Escolas: Papel da Formação e da Pesquisa. *Inovação,* 4 (1).

Canário, R. (1993). *Ensino Superior e Formação Contínua de Professores.* ESE/Portalegre.

Carvalho, A. org. (1993). *A Construção do Projecto de Escola.* Porto, Porto Editora.

Castel, R. (1998). *As metamorfoses da questão social.* Petrópolis. Rio de Janeiro, Vozes.

Castells, M (2000). *Sociedade em Rede.* São Paulo, Paz e Terra.

Castoriadis, C. (1975). *L'Instrution, l'Imaginaire et la Societé.* Paris, Seuil.

Charlot, B. (1978). Le mythe de la négotiation des besoins. *Bulletin des professeurs* nº 19.

Correia, J. (1993). *Formatividade e Profissionalidade Docentes.* Porto, Texto policopiado.

Cortesão, L. (1991). *Formação:* algumas expectativas e limites. *Inovação,* 4 (1).

Costa, A. (2000). *Protagonismo Juvenil.* Salvador, Fundação Odebrecht.

Crozier, M. (1982). *Mudança individual e mudança colectiva.* Lisboa, Livros Horizonte.

Demailly, L. (1991). *Le collège: crise, mhytes et métiers.* Lille, PUL.

Demo, P. (1999). *Aprender:* o desafio reconstrutivo.

Demo, P. (1998). *A Nova LDB: Ranços e Avanços.* Campinas, Papirus.

Duckworth, E. (1984). What teachers know. *Harvard Educational Revue,* 54 (1).

Enguita, M. (1989). Educação e teorias da resistência. *Educação e Realidade,* 14 (1), Jan-Jun.

Esteve, J. (1992). *O Mal-Estar Docente.* Lisboa, Escher.

Estrela, A. (1994).A Escola Caserna. *O Professor*, nº 40 (3ªSérie), Set./Out.

Fernandes, F. (1973). *Comunidade e Sociedade.* São Paulo, Companhia Editora Nacional.

Ferry, G. (1983). *Le traject de la formation.* Paris, Dunod.

Feyerbend, P. (1985). *Contra o Método.* Rio de Janeiro, texto policopiado.

Finger, M. & Nóvoa, A. (1988). *O Método (Auto)Biográfico e a Formação.* Lisboa: DRH.

Flecha, R. (1997). *Compartiendo palabras.* Barcelona, Paidós.

Fleming, M. (1988). *Autonomia Comportamental.* Porto, I.C.B.A.S./U.P.

Formosinho, J. (1980). As bases do poder do professor. *Revista Portuguesa de Pedagogia*, XIV

Foucault, M. (1970). *Vigiar e Punir.* Petrópolis, Ed. Vozes.

Freire, P. (2005). *Pedagogia do Oprimido.* Brasil, Paz e Terra.

Freire, P. (1971). *Educação como Prática de Liberdade.* Rio de Janeiro, Paz e Terra.

Freire, P. (1995). *À sombra desta mangueira.* São Paulo, Olho D'água.

Freire, P. (1996). *Pedagogia da Autonomia.* Brasil, EGA.

Freire, P. (1996). *Pedagogia da autonomia.* São Paulo, Paz e Terra.

Freire, P. (1997). *Pedagogia da Esperança.* São Paulo, Paz e Terra.

Freire, P. (1971). *Papel da Educação na Humanização.* São Paulo, Paz e Terra.

Freire, P. (1991). *A Educação na Cidade.* São Paulo, Cortez Editora.

Freire, P. (2000). *Pedagogia da Indignação.* São Paulo, UNESP.

Friedman, Y. (1978). *Utopias Realizáveis.* Lisboa, Socicultura.

Gadotti, M. (2004). *Escola Cidadã.* Coleção Questões da nossa época. São Paulo, Ed. Cortez.

Gimeno Sacristan, J. (1988). *El Curriculum: Una Reflexión sobre la Prática.* Madrid, Morata.

Giroux, H. (1986). *Teoria Crítica e Resistência em Educação.* Rio de Janeiro, Ed. Vozes.

Giroux, H. (1990). *Los professores como intelectuales.* Barcelona, Ed. Paidós.

Gomez-Granell, C. (2003). *A cidade como projeto educativo.* Porto Alegre, Artmed.

Habermas, J. (1973). *Problème de Legitimation dans le Poscapitalisme.*

Frankfort.

Habermas, J. (2012). *Teoria do agir comunicativo.* Vol.1.São Paulo, Martins Fontes.

Huberman, A. (1989). *La Vie des Enseignants.* Neuchâtel: Delachaux & Niestlé.

Illich, I. (1971). *Une societé sans* ècole. Paris, Seuil.

Jean, G. (1990). *Cultura Pessoal e Acção Pedagógica.* Porto, Ed.ASA.

Josso, C. (1991), *Cheminer vers soi, le sujet en formation.* Lausanne, L'Age de l'Homme.

Kemmis, S. (1988). *El Curriculum: Mas Allá de la Teoria de la Reproducción.* Madrid, Morata.

Kilpatrick, W. (1933). *The educational frontier.* New York, The Century Co.

Krishnamurti, J. (1985). *O Mundo Somos Nós.* Lisboa, Livros Horizonte.

Lakatos, E. (1986). *Metodologia Científica.* S. Paulo, Ed. Atlas.

Landsheere, G. (1976). *La Formation des Enseignants Demain.* Toournai: Casterman.

Lapassade, G. (1974). *Organisations, Institutions.* Paris: Gauthiers Villars.

Le Boterf, G. (1986). *L'Ingénerie des Projects de Développment.* Montreal: Agence d'Arc.

Lengrand, P. (1975). *L'Homme du Devenir.* Paris: Ed. Entente.

Lesne, M. & Minvielle, Y. (1988). Socialisation et formation d'adultes. Éducation *Permanente.*

Lima, L. (1964). *A escola secundária moderna.* São Paulo: Fundo de Cultura.

Lima, L. (1967). *Escola da Comunidade.* Petrópolis: Vozes.

Lima, L. (1969) *O impasse na educação.* Petrópolis: Vozes.

Lima, L. (1974). *Escola no futuro.* Rio de Janeiro: José Olympio.

Lima, L. (1983). *Uma escola piagetiana.* Rio de Janeiro: Paideia.

Littlejohn, S. (1982). *Fundamentos Teóricos da Comunicação Humana.* Rio de Janeiro: Zahar Ed.

Lobrot, M.(1971). *A Pedagogia Institucional.* Lisboa: Iniciativas Editoriais.

Maffesoli, M. (1985). *A Sombra de Dionísio.* Rio de Janeiro: Ed. Graal Lda.

Maffesoli, M. (1988). *Le temps des Tribus.* Paris: Meridiens Klincksieck

Maisonneuve, J. (1973). *La Dinamique des Groupes.* Paris: P.U.F.

Malglaive, G. (1990). *Enseigner à des adultes.* Paris: PUF.

Malinowski, B. (1968). *Une Théorie Scientifique de la Culture.* Paris: Maspero.

Marc, E. & Picard, D. (1984). *L'École de Palo Alto.* Paris: Ed. Retz.

Martins, G. (1991). *Escola de cidadãos.* Lisboa: Ed.Fragmentos.

Meirieu, P.(1988). *Apprendre...Oui, Mais Comment?.* Paris: Ed. E.S.F.

Mello, R. (2012). *Comunidade de Aprendizagem:* outra escola é possível. São Carlos: EdUFSCar.

Morin, E. (1982). *Ciência com Consciência.* Sintra: Publ. Europa-América.

Morin, E. (1983). *O Paradigma Perdido.* Lisboa: Publ. Europa-América.

Morin, E. (1989). *La Méthode, T.1.* Paris: Seuil.

Morin, E. (1991). *Introdução ao Pensamento Complexo.* Lisboa: Instituto Piaget.

Mosconi, N.(1986). De l'Aplication de la Psycanalise à l'Éducation. *RFPédagogie*, nº75.

Moscovici, S. (1979). *Psycologie des Minorités Actives.* Paris: PUF.

Mounier, E. (1976). *O Personalismo.* Lisboa: Moraes Ed.

Neill, A.(1976). *Liberdade sem Medo.* Lisboa: C.L.B.

Nóvoa, A. (1987). *Le Temps des Professeurs.* Lisboa: INIC.

Nóvoa, A. (1992). *Vidas de Professores.* Porto: Porto Editora.

Pacheco, J. (2018). *Um compromisso ético com a educação*. Lisboa: Edições Mahatma.

Pacheco, J. (2018). *Reconfigurar a Escola, Transformar a educação*. São Paulo, Cortez.

Pacheco, J. (2015). *Escola da Ponte:* uma escola pública em debate. São Paulo, Cortez.

Pacheco, J. (1995). *Contributos para a compreensão dos círculos de estudo*. Porto FPCE-UP.

Pacheco, J. (2004). *Para Alice, com amor*. São Paulo, Cortez Editora.

Pacheco, J. (2005). *Para os filhos dos filhos dos nossos filhos*. São Paulo, Papirus.

Pacheco, J. (2006). *Caminhos para a Inclusão*. Porto Alegre, Artmed.

Pacheco, J. (2007). *Dicionário das Utopias da Educação*. Belo Horizonte, WAK.

Pacheco, J. (2007). *Formação e Transformação em Educação*. São Paulo, Vozes.

Pacheco, J.(2013). *Dicionário dos Valores em Educação*. Porto Alegre, Edições SM.

Pacheco, J. (2013). *A Escola da Ponte sob múltiplos olhares*. Porto Alegre, Artmed.

Pacheco, J. (2014). *Aprender em Comunidade*. São Paulo, Edições SM.

Pacheco, J. (2014). *Diálogos coma Escola da Ponte*. São Paulo, Ed. Vozes, 2014.

Pacheco, J. & PINHO, J. (1990*). Relação Escola-Sucesso.* Braga: ANPEB/UM.

Pacheco, J. (1993). *Memória e Projecto. Correio Pedagógico* nº 74, Abril.

Pain, A. (1990). Éducation Informelle. Paris, L'Harmattan.

Perrenoud, P. (2005). *Escola e Cidadania*. Porto Alegre, Ed. Artmed.

Pichon Rivière, E. (1978). Prólogo, em El processo grupal. Ed. N. Visión.

Pineau, G. (1988). *O Método Auto-Biográfico e a Formação*. Lisboa, M.S.

Pires, E. (1986). *Lei de Bases do Sistema Educativo*. Porto, Edições ASA.

Postic, M. (1979). *Observação e Formação de Professores.* Coimbra, Almedina.

Reboul, O. (1984). *La Langage de l'Éducation.* Paris, P.U.F.

Rogers, C. (1986). *Grupos de Encontro.* Lisboa, Moraes Editores.

Santos, B. (1986). *Oração de Sapiência.* Coimbra.

Santos, B. (1989). *Introdução a Uma Ciência Pós-Moderna.*Porto, Afrontamento.

SAP/ME (1979). *Texto de Apoio.* Lisboa, ME.

Sarmento, M. (1992). *A Escola e as Autonomias.* Porto, Edições ASA.

Secretaria de Educação do Distrito Federal. (2015). *Currículo da Educação Básica.*

Schon, D. (1992). *La formación de profesionales reflexivos.* Barcelona, Paidós/MEC.

Stenhouse, L. (1981). *An introduction to curriculum research.* London: H. Educational Books.

Stoer, S. (1986). *Educação e Mudança Social em Portugal.* Porto, Afrontamento.

UNESCO. (1980). *O Educador e a Abordagem Sistémica.* Lisboa, Ed. Estampa.

Vallgarda, H. & Norbeck, J. (1986). *Para Uma Pedagogia Participativa.* Braga, UM.

Vygotsky, L. (1999). *A Formação Social da Mente.* São Paulo, Martins Fontes.

Vygotsky, L. (2001). *Psicologia pedagógica.* São Paulo, Martins Fontes.

Watzlawick, P. (1984). *La Langage du Changement.* Paris, Editions du Seuil.

Impresso em junho de 2024